Tokiems dalykams nėra įstatymo

Dvasios vaisius

Tokiems dalykams nėra įstatymo

Dr. Jaerock Lee

Tokiems dalykams nėra įstatymo by Dr. Jaerock Lee
Leidykla: Urim Books (Atstovas: Sungnam Vin)
73, Yeouidaebang-ro 22-gil, Dong-jak gu rajone, Seulas, Korėja
www.urimbooks.com

Visos teisės saugomos. Šios knygos ar jos dalių panaudojimas bet kokia forma, saugoma paieškos sistemoje, arba perduodama bet kokia forma ir bet kokiomis priemonėmis (elektroninėmis, mechaninėmis, fotokopijų, įrašų ar kitu) be išankstinio leidėjo sutikimo yra draudžiamas.

Autorinės teisės © 2020 Dr. Džeirokas Li
ISBN: 979-11-263-0540-7 03230
Vertimo autorinės teisės © 2015 Dr. Ester K. Čung. Naudojama pagal leidimą.

2009 m. išleista „Urim Books" korėjiečių kalba

Pirmasis leidimas 2020 m. Vasario mėn.

Tidligere udgivet på koreansk i 2009 af Urim Books i Seoul, Korea

Redagavo Dr. Gym-sun Vin
Dizainas: Editorial Bureau of Urim Books
Spaustuvė: Prione Printing
Daugiau informacijos: urimbook@hotmail.com

„Dvasios vaisius yra meilė, džiaugsmas, ramybė, kantrybė, malonumas, gerumas, ištikimybė, romumas, susivaldymas. Tokiems dalykams nėra įstatymo."

Laiškas galatams 5, 22-23

Įžanga

Krikščionys įgyja tikrą laisvę,
subrandinę Šventosios Dvasios vaisius,
kuriems nėra įstatymo.

Visi turi laikytis taisyklių ir įstatymų savo gyvenime. Jeigu žmonėms atrodo, kad įstatymai yra juos kaustančios grandinės, jie jaučiasi apsunkinti ir kankinami. Jausdamiesi sukaustyti jie svajoja apie nerūpestingą ir netvarkingą gyvenimą, bet tai ne laisvė. Pasinėrę į palaidą gyvenimą jie kankinami tuštumos jausmo, ir pabaigoje jų laukia amžinoji mirtis.

Tikroji laisvė yra išsivadavimas iš amžinosios mirties ir visų ašarų, širdgėlos bei skausmo. Tai mus kankinančios nuodėmingos prigimties suvaldymas ir nugalėjimas. Mylintis Dievas nenori, kad mes kentėtume, todėl Jis užrašė Biblijoje, kaip mums atrasti amžinąjį gyvenimą ir tikrąją laisvę.

Nusikaltėliai arba nusižengusieji valstybės įstatymui išsigąsta, kai pamato policijos pareigūnus. Tačiau vykdantieji įstatymus nebijo jų, nes gali bet kada paprašyti policijos pagalbos ir jaučiasi saugesni su policininkais.

Taip ir tie, kas gyvena tiesoje, nieko nebijo ir džiaugiasi tikrąja laisve, nes žino, kad Dievo įstatymas yra kelias į palaiminimus. Jie džiaugiasi laisve kaip banginiai, plaukiojantys vandenyne, ir danguje sklandantys ereliai.

Dievo įstatymas turi keturis aspektus: ką daryti, ko nedaryti, ko laikytis ir ką atmesti. Laikui bėgant, pasaulis vis giliau pasineria į nuodėmes ir piktybes, todėl žmonėms atrodo, kad Dievo įstatymas vis labiau juos slegia, ir jie jo nepaiso. Senojo Testamento laikas Izraelio tauta labai kentėdavo, kai nesilaikydavo Mozės įstatymo.

Dievas atsiuntė Jėzų į šią žemę, kad išlaisvintų visus iš Įstatymo prakeikimo. Nenuodėmingas Jėzus numirė ant kryžiaus, ir visi, kurie tiki į Jį, išgelbėjami per tikėjimą. Kai žmonės gauna Šventosios Dvasios dovaną, priėmę Jėzų Kristų, jie tampa Dievo vaikais, ir Šventosios Dvasios vedami brandina Jos vaisius.

Kai Šventoji Dvasia ateina į mūsų širdį, Ji padeda mums suprasti Dievo tiesos gelmes ir gyventi pagal Dievo žodį. Pavyzdžiui, jeigu negalime kam nors atleisti, Ji primena mums Viešpaties atleidimą bei meilę ir padeda atleisti mus įžeidusiam asmeniui. Paskui mes greitai atsikratome pykčio savo širdyje ir pakeičiame jį gerumu bei meile. Taip Šventosios Dvasios vedami ir brandindami Jos vaisius mes ne tik džiaugiamės laisve tiesoje, bet ir gauname begalinę Dievo meilę ir palaiminimus.

Pagal Dvasios vaisių galime pasitikrinti, kiek šventumo pasiekėme, priartėjome prie Dievo sosto ir išsiugdėme širdį, panašią į Viešpaties, kuris yra mūsų jaunikis. Kuo daugiau subrandiname Dvasios vaisių, tuo šviesesnėje ir gražesnėje dangaus buveinėje gyvensime. Norėdami patekti į Naująją Jeruzalę danguje, turime iki galo subrandinti visus vaisius, ne tik kelis iš jų.

Knyga *„Tokiems dalykams nėra įstatymo"* padės jums suprasti dvasinę devynių Šventosios Dvasios vaisių prasmę per konkrečius pavyzdžius. Kartu su dvasine meile, aprašyta Pirmo laiško korintiečiams 13-ame skyriuje, ir kalno pamokslo palaiminimais, išvardintais Evangelijos pagal Matą 5-ame skyriuje, Šventosios Dvasios vaisiai yra kelrodis, vedantis mus į tikrą tikėjimą. Jie ves mus, kol pasieksime galutinį savo tikėjimo kelionės tikslą, Naująją Jeruzalę.

Dėkoju vyriausiajai redaktorei Geumsun Vin ir leidyklos darbuotojams, meldžiuosi Viešpaties vardu, kad jūs greitai subrandintumėte devynis Šventosios Dvasios vaisius per šią knygą, džiaugtumėtės tikrąja laisve ir taptumėte Naujosios Jeruzalės gyventojais.

Jaerock Lee

Įvadas

Kelrodis mūsų tikėjimo kelionėje į Naująją Jeruzalę danguje

Visi labai užsiėmę šiuolaikiniame pasaulyje. Jie dirba ir triūsia, kad įsigytų daug daiktų ir džiaugtųsi jais. Tačiau kai kurie žmonės turi gyvenimo tikslą ir neplaukia pasroviui su pasauliu, bet net jie kartais susimąsto ir paklausia savęs, ar tikrai teisingai gyvena. Jie pažvelgia atgal ir įvertina savo gyvenimą. Savo tikėjimo kelionėje mes taip pat galime pagreitinti augimą ir sutrumpinti kelią į dangaus karalystę, ištirdami save Dievo žodžiu.

1 skyrius, „Dvasios vaisius", pasakoja, kaip Šventoji Dvasia atgaivina dėl Adomo nuodėmės mirusią dvasią, ir mes gausiai nešame Šventosios Dvasios vaisių, kai paklūstame Jos vedimui.

2 skyrius, „Meilė", pasakoja apie pirmąjį Dvasios vaisių – meilę. Jis atskleidžia sugedusios meilės pavidalus, atsiradusius po Adomo nuopuolio, ir paaiškina, kaip ugdyti meilę, kuri patinka Dievui.

3 skyrius, „Džiaugsmas", sako, kad džiaugsmas yra pagrindinis matas, kuriuo galime pasitikrinti, ar tikras mūsų tikėjimas, ir

paaiškina, kodėl mes prarandame pirmosios meilės džiaugsmą. Jis parodo tris kelius į džiaugsmo vaisiaus brandinimą, kad mes galėtume džiaugtis ir būti patenkinti bet kokiose aplinkybėse.

4 skyrius, „Ramybė", paaiškina, kaip svarbu sugriauti nuodėmių sienas, kad turėtume Dievo ramybę, ir gyventi taikoje su savimi ir visais kitais. Jis parodo, kaip svarbu sakyti gerus žodžius ir suprasti kitų žmonių požiūrį, siekiant taikos ir ramybės.

5 skyrius, „Kantrybė", parodo, kad turėti tikrą kantrybę reiškia ne užgniaužti nemalonius jausmus, bet turėti gerą širdį, laisvą nuo pikto, ir turėdami tikrą kantrybę gausime didžiulį palaiminimą. Tai pat sužinosime apie tris kantrybės rūšis: keičiančią širdį kantrybę; kantrybę su žmonėmis; kantrybę su Dievu.

6 skyrius, „Malonumas", moko, kaip tapti maloniems,

sekant Viešpaties pavyzdžiu. Čia apžvelgiamos malonaus būdo savybės ir skirtumai nuo meilės, rodomas kelias į Dievo meilę ir palaiminimus.

7 skyrius, „Gerumas", pasakoja apie Viešpaties širdies gerumą. Viešpats nesikivirčijo ir nešūkavo, nenulaužė palūžusios nendrės ir neužgesino gruzdančio dagčio. Gerumas išskirtas iš kitų vaisių, nes turėdami jį skleidžiame Kristaus kvapą.

8 skyrius, „Ištikimybė", kalba apie palaiminimus, kuriuos gauname, būdami ištikimi visuose Dievo darbuose. Mozės ir Juozapo pavyzdžiai padeda suprasti, koks žmogus turi ištikimybės vaisių.

9 skyrius, „Romumas", paaiškina, kas yra romumas Dievo akyse, ir romumo vaisių subrandinusio žmogaus savybes. Keturių

laukų iliustracija paaiškina, ką daryti, kad subrandintume romumo vaisių. Taip pat sužinosime apie romiųjų palaiminimus.

10 skyrius, „Susivaldymas", atskleidžia, kodėl susivaldymas yra paskutinis devynių Šventosios Dvasios vaisių sąraše, ir parodo susivaldymo svarbą. Susivaldymo vaisius yra būtinas, nes nuo jo priklauso aštuoni kiti Šventosios Dvasios vaisiai.

11 skyrius, „Tokiems dalykams nėra įstatymo", yra šios knygos išvada, padedanti suprasti paklusnumo Šventajai Dvasiai svarbą ir raginanti visus skaitytojus greitai tapti sveikos dvasios žmonėmis su Šventosios Dvasios pagalba.

Negalime sakyti, kad turime didelį tikėjimą, tik todėl, kad esame tikintieji ilgą laikotarpį ir turime daug žinių iš Biblijos. Tikėjimo mastas priklauso nuo tiesos mūsų širdyje ir išsiugdyto jos panašumo į Viešpaties širdį.

Viliuosi, kad visi skaitytojai patikrins savo tikėjimą ir gausiai neš devynis Šventosios Dvasios vaisius, paklusdami Jos vedimui.

Geumsun Vin,
Vyriausioji redaktorė

Turinys
Tokiems dalykams nėra įstatymo

Įžanga · vii

Įvadas · xi

1 skyrius

Dvasios vaisius   1

2 skyrius

Meilė   13

3 skyrius

Džiaugsmas   27

4 skyrius

Ramybė   45

5 skyrius

Kantrybė   63

6 skyrius
Malonumas 81

7 skyrius
Gerumas 97

8 skyrius
Ištikimybė 113

9 skyrius
Romumas 129

10 skyrius
Susivaldymas 149

11 skyrius
Tokiems dalykams nėra įstatymo 163

Laiškas galatams 5, 16-21

„Aš sakau: gyvenkite Dvasia, ir jūs nepasiduosite kūno geismams. Mat kūno geismai priešingi Dvasiai, o Dvasios – kūnui; jie vienas kitam priešingi, todėl jūs nedarote, kaip norėtumėte. Bet jei leidžiatės Dvasios vadovaujami, jūs nebesate įstatymo valdžioje. Kūno darbai žinomi; tai ištvirkavimas, netyrumas, gašlavimas, stabmeldystė, burtininkavimas, priešiškumas, nesantaika, pavyduliavimas, piktumai, vaidai, nesutarimai, susiskaldymai, pavydai, girtavimai, apsirijimai ir panašūs dalykai. Aš jus įspėju, kaip jau esu įspėjęs, jog tie, kurie taip daro, nepaveldės Dievo karalystės."

1 skyrius

Dvasios vaisius

Šventoji Dvasia atgaivina mirusią dvasią
Dvasios vaisius
Šventosios Dvasios troškimai ir kūno geismai
Nepailskime daryti gera

Dvasios vaisius

Vairuotojui lengva ir smagu važiuoti tuščiu keliu, bet jeigu jis važiuoja nepažįstamoje vietovėje, turi būti dėmesingas ir budrus. O jeigu jis turi GPS navigacijos prietaisą savo automobilyje? Prietaisas suteikia išsamią informaciją apie kelią ir teisingas nuorodas, todėl vairuotojas nepasiklysta ir pasiekia kelionės tikslą. Mūsų tikėjimo kelionė į dangaus karalystę yra labai panaši. Kas tiki į Dievą ir gyvena pagal Jo žodį, tuos Šventoji Dvasia saugo ir veda, kad jie išvengtų daugybės kliūčių ir sunkumų savo gyvenime. Šventoji Dvasia veda mus trumpiausiu ir lengviausiu keliu į mūsų tikslą, dangaus karalystę.

Šventoji Dvasia atgaivina mirusią dvasią

Pirmasis žmogus Adomas gavo gyvą dvasią, kai Dievas padarė jį ir įkvėpė jam į šnerves gyvybės alsavimą. Gyvybės alsavimas yra pirminės šviesos galia, kurią paveldėjo Adomo palikuonys, kol jie gyveno Edeno sode.

Kai Adomas ir Ieva padarė nepaklusnumo nuodėmę ir buvo išvaryti į šią žemę, viskas pasikeitė. Dievas atėmė beveik visą gyvybės alsavimą iš Adomo ir Ievos ir paliko tik jo pėdsaką – gyvybės sėklą, kuri nebepersidavė iš Adomo ir Ievos jų vaikams.

Šeštajame nėštumo mėnesyje Dievas atsiunčia gyvybės sėklą į kūdikio dvasią ir įdeda ją į ląstelės, esančios jo širdyje – svarbiausioje žmogaus dalyje, branduolį. Jeigu žmogus nepriima Jėzaus Kristaus, gyvybės sėkla neatgyja ir lieka kaip sėkla su kietu lukštu. Sakome, kad dvasia yra mirusi, kol gyvybės sėkla neatgyja. Kol žmogaus dvasia mirusi, jis negali gauti amžinojo gyvenimo ir įeiti į dangaus karalystę.

Po Adomo nuopuolio visi žmonės buvo pasmerkti mirti. Jų nuodėmės – tikroji mirties priežastis – turi būti atleistos ir mirusi dvasia atgaivinta, kad jie gautų amžinąjį gyvenimą. Todėl Dievas atsiuntė savo vienatinį Sūnų Jėzų į šią žemę kaip permaldavimą ir atvėrė išganymo kelią. Jėzus paėmė visas visos žmonijos nuodėmes ir mirė ant kryžiaus, kad atgaivintų mūsų mirusią dvasią. Jis tapo keliu, tiesa ir gyvenimu, kad visi žmonės gautų amžinąjį gyvenimą.

Kai mes priimame Jėzų Kristų kaip savo asmeninį Gelbėtoją, mums atleidžiamos nuodėmės, mes tampame Dievo vaikais ir gauname Šventosios Dvasios dovaną. Šventosios Dvasios galia pažadina gyvybės sėklą, kuri buvo apmirusi po kietu lukštu, ir ji sudygsta. Taip atgyja mirusi dvasia. Evangelija pagal Joną 3, 6 apie tai sako: „...*kas gimė iš Dvasios, yra dvasia.*" Išdygęs augalas auga tik tada, kai gauna vandens ir saulės šviesos. Taip pat ir gyvybės sėklai reikia dvasinio vandens ir dvasinės šviesos, kad ji augtų išdygusi. Kitaip tariant, kad mūsų dvasia augtų, turime studijuoti Dievo žodį, kuris yra dvasinis vanduo, ir vykdyti Dievo žodį, nes vykdymas yra dvasinė šviesa.

Atėjusi į mūsų širdis Šventoji Dvasia įtikina mus dėl nuodėmės, teisumo ir teismo. Ji padeda mums atmesti nuodėmes ir nusikaltimus bei gyventi teisume. Ji duoda galios teisingai galvoti, kalbėti ir elgtis. Ji taip pat padeda gyventi tikėjimu ir suteikia dangaus karalystės viltį, kad mūsų dvasia gerai augtų. Leiskite pateikti iliustraciją, kad geriau suprastume.

Vienas berniukas augo laimingoje šeimoje. Vieną dieną jis užlipo ant kalno ir grožėdamasis gamtovaizdžiu sušuko: „Valio!" Netikėtai kažkas jam atsakė lygiai taip pat: „Valio!" Nustebęs berniukas paklausė: „Kas tu?", ir tas kažkas atšovė tą patį. Berniukas supyko, kad tas kitas mėgdžioja jį ir tarė: „Gal nori gauti nuo manęs?", ir išgirdo tokį pat pasiūlymą. Staiga jam pasirodė, kad kažkas jį stebi, ir jis išsigando.

Jis parbėgo namo ir viską papasakojo mamai: „Mama, kalnuose pasislėpęs labai blogas berniukas." Mama švelniai nusišypsojo ir tarė: „Manau, tas berniukas tikrai geras ir galėtų tapti tavo draugu. Pabandyk rytoj vėl užlipti ant kalno ir atsiprašyti jo." Kitą rytą berniukas vėl užlipo ant kalno viršūnės ir garsiai sušuko: „Atsiprašau už tai, kas buvo vakar! Gal norėtum būti mano draugu?" Atsakymas buvo lygiai toks pat.

Mama leido savo mažam sūnui pačiam išsiaiškinti, kas ten buvo. Ir Šventoji Dvasia padeda mūsų tikėjimo kelionėje kaip švelni motina.

Dvasios vaisius

Pasėta sėkla išdygsta, užauga augalas, paskui pražysta ir galiausiai subrandina vaisius. Panašiai ir Dievo pasėta gyvybės sėkla sudygsta per Šventąją Dvasią, užauga ir atneša Šventosios Dvasios vaisių. Tačiau ne visi gavusieji Šventąją Dvasią atneša Jos vaisių. Mes subrandiname Dvasios vaisius tik tada, kai pasiduodame Šventosios Dvasios vedimui.

Šventoji Dvasia panaši į elektros generatorių. Elektra gaminasi, kai generatorius dirba. Prijungus elektros lemputę prie veikiančio generatoriaus, ji šviečia. Tamsa pradingsta ten, kur šviesu. Kai Šventoji Dvasia veikia mumyse, tamsa pasitraukia, nes šviesa užlieja mūsų širdį, ir mes pradedame auginti Šventosios Dvasios vaisius.

Svarbu nepamiršti vieno dalyko. Vien lemputės prijungimas prie generatoriaus nieko neduos. Kas nors turi įjungti generatorių.

Dievas davė mums generatorių – Šventąją Dvasią, ir mes esame atsakingi už šio generatoriaus darbą.

Norėdami, kad Šventosios Dvasios generatorius dirbtų, turime budėti ir karštai melstis. Taip pat turime paklusti Šventosios Dvasios vedimui į tiesą. Kai paklūstame Šventosios Dvasios vedimui ir paraginimams, mes gyvename pagal Šventosios Dvasios troškimus. Mes būsime kupini Šventosios Dvasios, kai uoliai vykdysime Šventosios Dvasios troškimus, ir tiesa pakeis mūsų širdį. Užauginsime Šventosios Dvasios vaisius, gyvendami Jos pilnatvėje.

Kai atsikratome nuodėmingos prigimties savo ir Šventosios Dvasios padedami išsiugdome dvasinę širdį, Dvasios vaisiai tampa matomi mumyse. Bet kaip vienos kekės vynuogių dydis ir prisirpimas būna nevienodi, taip ir vieni Šventosios Dvasios vaisiai gali būti visiškai subrendę, o kiti dar ne. Galima turėti subrendusį meilės vaisių, kai susivaldymo vaisius dar nesubrendęs, arba turėti subrendusią ištikimybę, bet nepakankamai brandų švelnumo vaisių.

Tačiau, laikui bėgant, visos vynuogės prisirpsta, ir visa kekė tampa pilna didelių, tamsiai violetinių vynuogių. Panašiai, kai mes subrandiname visus Šventosios Dvasios vaisius, tampame sveikos dvasios žmonėmis, kurių Dievas labai trokšta. Šie žmonės skleidžia Kristaus kvapą visose savo gyvenimo srityse. Jie aiškiai girdi Šventosios Dvasios balsą ir parodo Jos galią, kad atneštų garbę Dievui. Būdami labai panašūs į Dievą, jie bus pripažinti nusipelnę įžengti į Naująją Jeruzalę, kur stovi Dievo sostas.

Šventosios Dvasios troškimai ir kūno geismai

Kai stengiamės vykdyti Šventosios Dvasios troškimus, susiduriame su pasipriešinimu savyje. Tai kūno geismai. Kūno geismai klauso netiesos, prieštaraujančios Dievo žodžiui. Jie ragina mus pasiduoti kūno geismui, akių geismui ir gyvenimo puikybei bei skatina nusidėti, elgtis neteisingai ir nusikalstamai.

Neseniai vienas žmogus atėjo pas mane ir paprašė pasimelsti, nes negalėjo liautis žiūrėjęs nepadorių vaizdų. Jis sakė, kad pradėjo žiūrėti nešvankybes ne pasimėgavimui, bet norėdamas suprasti, kaip jos veikia žmones. Tačiau kartą pažiūrėjęs, jis nuolat prisimindavo tuos vaizdus ir norėjo vėl juos pamatyti, bet viduje Šventoji Dvasia ragino jį to nedaryti, ir jam buvo bloga.

Šiuo atveju jo širdis buvo akių geismo sugundyta per tai, ką jis matė ir girdėjo. Jeigu mes neatmesime kūno geidulių, bet nuolat pasiduosime jiems, mes greitai nusikalsime antrą, trečią, ketvirtą kartą, ir mūsų nuodėmių skaičius tik augs.

Todėl Laiškas galatams 5, 16-18 sako: *„Aš sakau: gyvenkite Dvasia, ir jūs nepasiduosite kūno geismams. Mat kūno geismai priešingi Dvasiai, o Dvasios – kūnui; jie vienas kitam priešingi, todėl jūs nedarote, kaip norėtumėte. Bet jei leidžiatės Dvasios vadovaujami, jūs nebesate įstatymo valdžioje."*

Kai vykdome Šventosios Dvasios troškimus, turime ramybę širdyje ir būname patenkinti, nes Šventoji Dvasia džiaugiasi. Kita vertus, jeigu pasiduodame kūno geismams, nerimas apima mūsų širdis, nes Šventoji Dvasia liūdi mumyse. Be to, prarandame Dvasios pilnatvę, todėl darosi vis sunkiau vykdyti Šventosios Dvasios troškimus.

Apaštalas Paulius rašo apie tai Laiške romiečiams 7, 22-24: *"Juk kaip vidinis žmogus aš žaviuosi Dievo įstatymu. Deja, savo kūno nariuose jaučiu kitą įstatymą, kovojantį su mano proto įstatymu. Jis paverčia mane belaisviu nuodėmės įstatymo, glūdinčio mano nariuose. Vargšas aš žmogus! Kas mane išvaduos iš šito mirtingo kūno!"* Pagal tai, ar mes vykdysime Šventosios Dvasios troškimus, ar pasiduosime kūno geismams, mes tapsime išganytais Dievo vaikais arba tamsos vaikais, pasirinkusiais kelią į mirtį.

Laiške galatams 6, 8 parašyta: *"Kas sėja savo kūnui, tas iš kūno pjaus pražūtį, o kas sėja Dvasiai, tas iš Dvasios pjaus amžinąjį gyvenimą."* Jeigu pasiduosime kūno geismams, mes darysime tik kūno darbus, kurie yra nuodėmės bei įstatymų laužymas, ir galiausiai nebegalėsime įžengti į dangaus karalystę (Laiškas galatams 5, 19-21). Bet jeigu vykdysime Šventosios Dvasios troškimus, subrandinsime devynis Jos vaisius (Laiškas galatams 5, 22-23).

Nepailskime daryti gera

Mes auginame Dvasios vaisių ir tampame ištikimais Dievo vaikais, kai elgiamės pagal savo tikėjimą, klausydami Šventosios Dvasios. Tačiau žmogaus širdyje yra tiesos ir netiesos. Tiesa ragina mus vykdyti Šventosios Dvasios troškimus ir gyventi pagal Dievo žodį. Netiesa ragina pasiduoti kūno geismams ir gyventi tamsoje.

Pavyzdžiui, Viešpaties dienos šventimas yra vienas iš Dešimties Dievo įsakymų, kurių Dievo vaikai turi laikytis, bet silpno tikėjimo tikintysis, turintis parduotuvę, baiminasi, kad jo pelnas sumažės, jeigu jis uždarys parduotuvę sekmadieniais. Kūno geismai ragina jį galvoti: „Gal pakaks uždaryti parduotuvę kas antrą savaitę? O gal man eiti į bažnyčią sekmadieniais rytą, o žmonai vakare, ir pavaduoti vienas kitą parduotuvėje?" Tačiau Šventosios Dvasios troškimai padeda jam paklusti Dievo žodžiui ir ragina galvoti: „Jeigu aš švęsiu Viešpaties dieną, Dievas duos man daugiau pelno, negu parduotuvei dirbant sekmadieniais."

Šventoji Dvasia padeda mūsų silpnumui ir užtaria mus neišsakomais atodūsiais, gilesniais už visus žodžius (Laiškas romiečiams 8, 26). Kai vadovaujamės tiesa Šventosios Dvasios padedami, turime ramybę širdyje, ir mūsų tikėjimas kasdien auga.

Dievo žodis, užrašytas Biblijoje, yra tiesa, kuri niekada nesikeičia; tai Dievo gerumas. Jis suteikia amžinąjį gyvenimą Dievo vaikams ir yra šviesa, vedanti juos į amžiną laimę ir džiaugsmą. Dievo vaikai, Šventosios Dvasios vedami, turi nukryžiuoti sako kūną su jo aistromis ir geiduliais. Jie turi vykdyti Šventosios Dvasios troškimus pagal Dievo žodį ir nepailsti daryti gera.

Evangelijoje pagal Matą 12, 35 parašyta: „*Geras žmogus iš gero lobyno iškelia gera, o blogas iš blogo lobyno iškelia bloga.*" Turime atsikratyti blogio širdyje, karštai melsdamiesi ir atkakliai darydami gerus darbus.

Laiške galatams 5, 13-15 parašyta: „*Iš tiesų, broliai, jūs esate pašaukti laisvei! Tiktai dėl šios laisvės nepataikaukite kūnui, bet stenkitės vieni kitiems su meile tarnauti. Juk visas įstatymas telpa viename sakinyje: Mylėk savo artimą kaip save patį. Bet jeigu jūs vienas kitą kremtate ir ėdate, tai žiūrėkite, kad nebūtumėte vienas kito praryti!*" Laiškas galatams 6, 1-2 sako: „*Broliai, jei kuris žmogus būtų pagautas nusikaltęs, jūs, dvasios* žmonės, pamokykite tokį romiai. Bet žiūrėk, kad ir pats neįpultum į pagundą! Nešiokite vieni kitų naštas, ir taip įvykdysite Kristaus įstatymą. "

Kai paklusime šiems Dievo žodžio raginimams, mes gausiai nešime Dvasios vaisių ir tapsime sveikos dvasios žmonėmis. Tuomet gausime viską, ko prašome maldoje, ir įžengsime į Naująją Jeruzalę amžinojoje dangaus karalystėje.

Jono pirmas laiškas 4, 7-8

„Mylimieji, mylėkime vieni kitus, nes meilė yra iš Dievo,

ir kiekvienas, kuris myli, yra gimęs iš Dievo ir pažįsta Dievą.

Kas nemyli, tas nepažino Dievo, nes Dievas yra meilė."

Tokiems dalykams nėra įstatymo

2 skyrius

Meilė

Aukščiausio laipsnio dvasinė meilė
Kūniška meilė su laiku keičiasi
Dvasinė meilė guldo savo gyvybę
Tikroji meilė Dievui
Kaip subrandinti meilės vaisių

Meilė

Meilė yra galingesnė, negu žmogus gali įsivaizduoti. Su meilės galia galime išgelbėti net Dievo apleistuosius, einančius mirties keliu. Meilė suteikia jiems naujų jėgų ir įkvėpimo. Jeigu mes galinga meile pridengiame kitų žmonių kaltes, įvyksta nuostabūs pasikeitimai ir pasipila didžiuliai palaiminimai, nes Dievas veikia gerume, meilėje, tiesoje ir teisingume.

Viena sociologinių tyrimų grupė atliko karjeros tyrimus skurdžiose Baltimorės apylinkėse ir pasirinko du šimtus moksleivių. Tyrėjai manė, kad šie moksleiviai turėjo mažai sėkmingos karjeros galimybių ir vilčių, bet kai jie po 25-erių metų surinko duomenis apie juos, rezultatai buvo stulbinantys. 176 iš 200 tapo socialiai sėkmingais asmenimis – teisininkais, gydytojais, dvasininkais ir verslininkais. Tyrėjams paklausus, kas jiems padėjo įveikti nepalankias aplinkybes, kuriose jie augo, visi paminėjo vieno mokytojo vardą. Šis mokytojas, paklaustas, kaip jam pavyko pasiekti tokių puikių rezultatų, atsakė: „Tiesiog mylėjau juos, ir jie tai žinojo."

Kas yra meilė, pirmasis iš devynių Šventosios Dvasios vaisių?

Aukščiausio laipsnio dvasinė meilė

Meilė gali būti kūniška ir dvasinė. Kūniška meilė ieško savo naudos. Tai beprasmiška meilė, kuri keičiasi, laikui bėgant. Tuo tarpu dvasinė meilė ieško kitų naudos ir niekada nesikeičia, jokiose aplinkybėse. Pirmas laiškas korintiečiams 13-ame skyriuje išsamiai aprašo dvasinę meilę.

„Meilė kantri, meilė maloninga, ji nepavydi; meilė nesididžiuoja ir neišpuiksta. Ji nesielgia netinkamai, neieško sau naudos, nepasiduoda piktumui, pamiršta, kas buvo bloga, nesidžiaugia neteisybe, su džiaugsmu pritaria tiesai. Ji visa pakelia, visa tiki, viskuo viliasi ir visa ištveria" (4-7 eilutės).

Kuo skiriasi meilės vaisius, minimas Laiško galatams 5-ame skyriuje, nuo dvasinės meilės, aprašytos Pirmo laiško korintiečiams 13-ame skyriuje? Meilė, kuri yra Šventosios Dvasios vaisius, įtraukia pasiaukojančią meilę, suteikiančią galios paguldyti savo gyvybę. Tai aukštesnio laipsnio meilė už aprašytą Pirmo laiško korintiečiams 13-ame skyriuje. Tai aukščiausio laipsnio dvasinė meilė.

Jeigu subrandiname meilės vaisių ir galime paaukoti savo gyvybę už kitus, mes mylime visus ir viską. Dievas myli mus visa širdimi, ir Viešpats myli mus visu savo gyvenimu. Jeigu turime šią meilę širdyje, mes aukojame savo gyvenimą Dievui, Jo karalystei ir Jo teisybei. Be to, mylėdami Dievą pasiekiame aukščiausio laipsnio meilę, kai galime paguldyti savo gyvybę ne tik už brolius, bet ir už priešus, kurie nekenčia mūsų.

Jono pirmame laiške 4, 20-21 parašyta: *„Jei kas sakytų: „Aš myliu Dievą", o savo brolio nekęstų, tasai melagis. Kas nemyli savo brolio, kurį mato, negali mylėti Dievo, kurio nemato. Mes turime tokį jo įsakymą, kad, kas myli Dievą, mylėtų ir savo brolį."* Jeigu mes mylime Dievą, mylėsime visus. Jeigu sakome, kad mylime Dievą, nekęsdami kokio nors žmogaus, esame melagiai.

Kūniška meilė su laiku keičiasi

Sukūręs pirmąjį žmogų Adomą Dievas mylėjo jį dvasine meile. Jis įkūrė nuostabų Edeno sodą rytuose ir apgyvendino jame Adomą, viskuo aprūpinęs. Dievas vaikščiojo su juo. Dievas davė jam ne tik Edeno sodą, kuris buvo ideali gyvenamoji vieta, bet ir valdžią visai kūrinijai šioje žemėje.

Dievas davė apsčiai dvasinės meilės Adomui, bet šis nejautė visos Dievo meilės. Adomas nebuvo patyręs neapykantos ir kintančios kūniškos meilės, todėl nesuvokė, kokia brangi yra Dievo meilė. Labai ilgam laikotarpiui praėjus, Adomas buvo žalčio gundomas ir nepakluso Dievo žodžiui. Jis valgė vaisiaus, kurį Dievas uždraudė (Pradžios knyga 2, 17 ir 3, 1-6).

Taip nuodėmė užvaldė Adomo širdį, ir jis tapo kūnišku žmogumi, kuris nebegalėjo bendrauti su Dievu. Dievas nebegalėjo palikti jo Edeno sode ir išvarė į šią žemę. Pirmieji žmonės buvo ištremti dirbti žemės (Pradžios knyga 3, 23), ir visi žmonės, būdami Adomo palikuonys, patyrė priešingus Edeno sode pažintai meilei dalykus: neapykantą, pavydą, skausmus, širdgėlą, ligas ir sužeidimus. Tuo pat metu jie vis labiau tolo nuo dvasinės meilės. Jų širdims sugedus dėl nuodėmių ir tapus kūniškomis, jų meilė taip pat pasidarė kūniška.

Labai daug laiko praėjo nuo Adomo nuopuolio, ir šiandien labai sunku rasti dvasinę meilę šioje žemėje. Žmonės išreiškia savo meilę įvairiais būdais, bet tai tik kūniška meilė, kuri su laiku keičiasi. Laikui bėgant ir padėčiai bei aplinkybėms keičiantis, žmonės persigalvoja ir išduoda savo mylimuosius, ieškodami savo naudos. Jie duoda kitiems tik tada, kai pirma gauna iš jų, arba, kai davimas jiems naudingas. Jeigu jūs norite atgauti tiek, kiek davėte, arba nusiviliate, jei kiti jums neduoda, ko norite ar tikitės, tai taip pat kūniška meilė.

Kai vyras ir moteris susitikinėja, jie dažnai sako, kad mylės vienas kitą amžinai ir negali gyventi vienas be kito. Tačiau neretai jie persigalvoja po vestuvių. Laikui bėgant, jie pamato tai, kas jiems nepatinka sutuoktinyje ar sutuoktinėje. Anksčiau viskas atrodė gerai, ir jie labai stengėsi viskuo įtikti vienas kitam, bet dabar nebegali to daryti. Jie nepatenkinti ir priekaištauja vienas kitam. Jie nusimena, jeigu sutuoktinis arba sutuoktinė nedaro, ko jie nori. Vos prieš porą dešimtmečių skyrybos buvo retenybė, bet dabar labai lengva išsiskirti, ir daug išsiskyrusiųjų greitai susituokia su kitu žmogumi, ir kiekvieną kartą sako, kad tikrai myli jį. Tai tipiška kūniška meilė.

Meilė tarp tėvų ir vaikų nedaug skiriasi. Žinoma, kai kurie tėvai net gyvybę už vaikus atiduotų, bet net jeigu jie tai padarytų, tai ne dvasinė meilė, nes jie taip myli tik savo vaikus. Jeigu mes turime dvasinę meilę, galime apdovanoti tokia meile ne tik savo vaikus, bet visus žmones. Tačiau pasauliui vis piktėjant, labai reta tėvų, kurie paaukotų gyvybę ir už savo vaikus. Daug tėvų ir vaikų pykstasi dėl piniginės naudos arba dėl nuomonių skirtumų.

O kaip meilė tarp giminaičių ir draugų? Daug brolių tampa priešais pinigų reikaluose. Draugai dar dažniau dėl jų susipyksta. Jie myli vienas kitą, kai viskas gerai, ir jie dėl ko nors sutaria, bet aplinkybėms pasikeitus, jų meilė gali bet kada išgaruoti. Taip pat dažniausiai žmonės nori atgauti tiek, kiek davė. Aistros apimti jie kartais duoda nenorėdami nieko mainais, bet aistrai atvėsus, gailisi, kad daug atidavė ir nieko negavo. Tai reiškia, kad iš tiesų jie troško ko nors mainais. Tokia meilė yra kūniška.

Dvasinė meilė guldo savo gyvybę

Labai jaudina, kai kas nors atiduoda savo gyvybę už mylimą žmogų, bet kai mes žinome, kad turėsime atiduoti savo gyvybę už kokį nors žmogų, mums pasidaro sunku jį mylėti. Šiuo atžvilgiu žmogaus meilė ribota.

Kadaise gyveno karalius, kuris turėjo labai gerą sūnų. Jo karalystėje buvo sučiuptas žiaurus žudikas ir nuteistas mirti. Vienintelis būdas išgelbėti pasmerktojo gyvybę buvo nekalto žmogaus savanoriška mirtis. Ar galėjo šis karalius leisti savo nekaltam sūnui numirti už žmogžudį? Nieko panašaus nebuvo įvykę per visą žmonijos istoriją. Tačiau Dievas Kūrėjas, nepalyginamai pranokstantis visus žemės karalius, atidavė savo viengimį Sūnų už mus. Jis taip labai myli mus (Laiškas romiečiams 5, 8).

Dėl Adomo nuodėmės visa žmonija pasuko mirties keliu, tai buvo atpildas už nuodėmę. Žmonijos išgelbėjimui ir atvedimui į dangų, reikėjo išspręsti nuodėmės problemą. Tarp Dievo ir žmonijos iškilusios nuodėmės problemos sprendimui, Dievas atsiuntė savo viengimį Sūnų Jėzų sumokėti kainą už žmonijos nuodėmes.

Laiškas galatams 3, 13 sako: *„Prakeiktas kiekvienas, kuris kybo ant medžio."* Jėzus buvo pakabintas ant medinio kryžiaus, kad išvaduotų mus ir įstatymo prakeikimo, kuris sako: *„Atpildas už nuodėmę – mirtis"* (Laiškas romiečiams 6, 23). Taip pat todėl, kad nėra atleidimo be kraujo praliejimo (Laiškas hebrajams 9, 22), Jis išliejo visą savo kraują. Jėzus buvo nubaustas už mus, ir visi, kas tiki Jį, gauna nuodėmių atleidimą ir amžinąjį gyvenimą.

Dievas žinojo, kad nusidėjėliai šaipysis iš Jėzaus, persekios ir galiausiai nukryžiuos Jį, gyvojo Dievo Sūnų. Tačiau norėdamas išgelbėti pasmerktą amžinajai mirčiai žmoniją Dievas atsiuntė Jėzų į šią žemę.

Jono pirmame laiške 4, 9-10 parašyta: „*O Dievo meilė pasireiškė mums tuo, jog Dievas atsiuntė į pasaulį savo viengimį Sūnų, mes gyventume per jį. Meilė – ne tai, jog mes pamilome Dievą, bet kad jis mus pamilo ir atsiuntė savo Sūnų kaip permaldavimą už mūsų nuodėmes.*"

Dievas parodė savo meilę mums, atiduodamas savo viengimį Sūnų Jėzų mirčiai ant kryžiaus. Jėzus parodė savo meilę, paaukodamas save ant kryžiaus, kad atpirktų žmoniją iš jos nuodėmių. Dievo meilė, parodyta per savo Sūnaus atidavimą, yra amžinoji ir nesikeičianti meilė, kuri atiduoda savo gyvybę iki paskutinio kraujo lašo.

Tikroji meilė Dievui

Ar ir mes galime turėti tokią meilę? Jono pirmas laiškas 4, 7-8 sako: „*Mylimieji, mylėkime vieni kitus, nes meilė yra iš Dievo, ir kiekvienas, kuris myli, yra gimęs iš Dievo ir pažįsta Dievą. Kas nemyli, tas nepažino Dievo, nes Dievas yra meilė.*"

Jeigu ne tik protu žinosime, bet ir širdimi giliai pajusime Dievo mums parodytą meilę, mes ištikimai pamilsime Dievą. Savo krikščioniškame gyvenime galime patirti sunkiai pakeliamų sunkumų, netekti viso savo turto ir brangių mums dalykų. Net tokiose aplinkybėse mūsų širdis nesusvyruos, jeigu turėsime tikrąją meilę.

Aš vos nepraradau visų trijų savo brangiųjų dukterų. Daugiau nei prieš 30 metų Korėjoje dauguma žmonių naudojo kurui anglių briketus. Anglių išskiriamas anglies monoksidas dažnai būdavo nelaimių priežastis. Tai atsitiko iškart po bažnyčios atidarymo ir mano būstas buvo bažnyčios pastato rūsyje. Mano trys dukterys kartu su vienu jaunuoliu apsinuodijo anglies monoksidu. Jie kvėpavo nuodingomis dujomis visą naktį, ir atrodė, kad nėra jokios pasveikimo vilties. Matydamas savo dukreles, netekusias sąmonės, nejaučiau jokio liūdesio ir niekam neturėjau priekaištų. Buvau tik dėkingas, kad jos ramiai gyvens nuostabiame danguje, kur nėra ašarų, liūdesio ir skausmo. Tačiau jaunuolis buvo tik bažnyčios narys, todėl paprašiau Dievo atgaivinti jį, kad nebūtų abejonių Dievo galybe. Aš uždėjau rankas ant jaunuolio ir pasimeldžiau. Paskui meldžiausi už trečią, jauniausią savo dukrelę. Kol meldžiausi už ją, jaunuolis atgavo sąmonę. Kol meldžiausi už antrą dukterį, trečioji atsigavo. Greitai antra ir pirma dukterys atgavo sąmonę. Jos nepatyrė jokių pasekmių ir iki šiol yra sveikos. Visos trys atlieka pastorių tarnystę bažnyčioje.

Jeigu mes mylime Dievą, mūsų meilė niekada ir jokiose aplinkybėse nesikeis. Mes jau gavome Jo meilę, paaukojusia viengimį Sūnų, todėl neturime jokios priežasties nekęsti Dievo ar abejoti Jo meile. Mes galime tik ištikimai mylėti Jį, visiškai pasikliauti Jo meile ir būti ištikimi Jam savo gyvenimu.

Lygiai taip pat mes mylėsime ir kitus žmones. Jono pirmame laiške 3:16 parašyta: *„Mes iš to pažinome meilę, kad jis už mus paguldė savo gyvybę. Ir mes turime guldyti gyvybę už brolius."* Jeigu išsiugdysime tikrąją meilę Dievui, mes mylėsime brolius tikra meile. Tai reiškia, kad nesieksime jokios savo naudos ir atiduosime viską, ką turime, nelaukdami nieko mainais. Mes aukosimės iš visos širdies ir atiduosime kitiems viską, ką turime. Man teko patirti daugybę išbandymų, einant tikėjimo keliu. Aš buvau išduotas žmonių, kurie labai daug gavo iš manęs ir su kuriais elgiausi kaip su savo šeimos nariais. Kartais būdavau neteisingai suprastas, ir žmonės rodė pirštu į mane.

Tačiau aš toliau rodžiau jiems pagarbą ir gerumą. Atidaviau viską į Dievo rankas ir meldžiausi, kad Jis atleistų ir parodytų meilę bei gailestingumą tiems žmonėms. Nepykau net ant tų, kas pridarė didelių sunkumų mūsų bažnyčiai ir paliko ją, tik norėjau, kad jie atgailautų ir sugrįžtų. Kai šie žmonės darė daug piktų darbų, patyriau sunkių išbandymų. Tačiau dariau jiems tik gera, nes tikėjau, kad Dievas myli mane, ir todėl mylėjau juos Dievo meile.

Kaip subrandinti meilės vaisių

Mes subrandiname meilės vaisių, pašventindami savo širdis, kai išrauname nuodėmes, pikta ir neteisumą iš savo širdies. Tikroji meilė sklinda iš laisvos nuo pikto širdies. Jeigu turime tikrąją meilę, mes visada daliname kitiems ramybę, niekada neapsunkiname kitų ir neapkrauname naštomis. Mes suprantame kitų širdis ir tarnaujame jiems. Mes dovanojame kitiems džiaugsmą ir padedame, kad jų sieloms sektųsi, ir Dievo karalystė plėstųsi.

Biblija pasakoja apie tai, kokią meilę buvo išsiugdę tikėjimo tėvai. Mozė taip mylėjo savo tautiečius izraelitus, kad norėdamas išgelbėti juos prašė ištrinti jo vardą iš gyvenimo knygos (Išėjimo knyga 32, 32).

Apaštalas Paulius taip pat ištikimai mylėjo Viešpatį nuo tos akimirkos, kai susitiko su Juo. Jis tapo apaštalu pagoniams, išgelbėjo daug sielų ir įkūrė daug bažnyčių savo trijų misionieriškų kelionių metu. Nors jo kelias buvo sunkus ir pilnas pavojų, jis ištikimai skelbė Jėzų Kristų, kol mirė kankinio mirtimi Romoje.

Jis nuolat patirdavo pasikėsinimų jį nužudyti ir persekiojimų iš žydų, buvo sumuštas ir įmestas į kalėjimą. Jis visą parą išbuvo atviroje jūroje po laivo sudužimo, tačiau niekada nesigailėjo dėl pasirinkto kelio. Užuot rūpinęsis savimi jis nuolat rūpinosi bažnyčia ir tikinčiaisiais, net kęsdamas daugybę sunkumų.

Jis išreiškė savo jausmu Antrame laiške korintiečiams 11, 28-29: *„Be kita ko, kasdien vargstu, rūpindamasis visomis Bažnyčiomis. Jei kas silpsta, ar aš nesilpstu? Jei kas piktinasi, ar aš nedegu apmaudu?!"*

Apaštalas Paulius buvo pasiruošęs atiduoti gyvybę už žmonių sielas. Jo didžiulė meilė aiškiai regima Laiške romiečiams 9, 3: *„Man mieliau būtų pačiam būti prakeiktam ir atskirtam nuo Kristaus vietoj savo brolių, tautiečių pagal kūną."* "Tautiečiai pagal kūną" yra ne šeimos nariai ar giminės, bet visi žydai, įskaitant persekiojančius apaštalą Paulių.

Jis buvo pasiryžęs eiti į pragarą jų vietoje, kad tik juos išgelbėtų. Štai kokią meilę jis turėjo. Evangelijoje pagal Joną 15, 13 parašyta: *„Nėra didesnės meilės, kaip gyvybę už draugus atiduoti,"* apaštalas Paulius įrodė turįs aukščiausio laipsnio meilę, tapdamas kankiniu.

Kai kurie žmonės sako, kad myli Viešpatį, bet nemyli savo

tikėjimo brolių. Šie broliai net nėra jų priešai ir neprašo atiduoti už juos gyvybę, bet turi konfliktų ir priešiškų jausmų vieni kitiems dėl nereikšmingų dalykų. Net dirbant Dievo darbą, jiems sunku pakelti kitokią nuomonę. Kiti būna nejautrūs žmonėms, kurių sielos vysta ir miršta. Ar galime sakyti, kad tokie žmonės myli Dievą?

Vieną kartą aš prieš visą bažnyčią pasakiau: „Jeigu išgelbėčiau tūkstantį sielų, sutikčiau eiti į pragarą jų vietoje." Žinoma, aš puikiai žinau, kokia vieta yra pragaras. Aš niekada nepadarysiu nieko, už ką turėčiau eiti į pragarą, bet jeigu galėčiau išgelbėti į pragarą krentančias sielas, sutikčiau eiti ten vietoje jų.

To tūkstančio sielų tarpe gali būti mūsų bažnyčios narių. Gali būti bažnyčios vadovų ir narių, kurie nepasirinko tiesos ir eina mirties keliu, net išgirdę tiesos žodžius ir tapę galingų Dievo darbų liudininkais. Taip pat gali būti žmonių, persekiojančių mūsų bažnyčią iš savo klaidingo supratimo ir pavydo, ir nelaimingų sielų, kenčiančių badą, pilietinius karus ir skurdą Afrikoje.

Kaip Jėzus numirė už mane, taip aš galiu atiduoti gyvybę už juos. Ne todėl, kad mano pareiga mylėti juos, bet todėl, kad Dievo žodis liepia mums mylėti. Aš kasdien atiduodu visą savo gyvenimą ir energiją, kad išgelbėčiau juos, nes myliu juos labiau už savo gyvybę ir ne tik žodžiais. Atiduodu visą savo gyvenimą, nes žinau, kad to labiausiai trokšta Tėvas Dievas, mylintis mane.

Mano širdis kupina minčių: „Kaip paskelbti evangeliją tolimiausiuose žemės kampeliuose? Kaip parodyti galingus Dievo darbus, kad kuo daugiau žmonių įtikėtų? Kaip padėti jiems suprasti šio pasaulio beprasmiškumą ir nuvesti į dangaus karalystę?"

Pažvelkime į save ir suvokime, kiek daug meilės Dievas suteikė mums. Tai meilė, kuri atidavė savo viengimio Sūnaus gyvybę. Jeigu būsime kupini Jo meilės, mes iš visos širdies mylėsime Dievą ir žmones. Tai tikroji meilė. Ir jeigu išsiugdysime šią meilę, mes įžengsime į Naująją Jeruzalę, kuri vainikuoja meilę. Tikiuosi, kad jūs visi ten dalinsitės amžinąja meile su Dievu Tėvu ir Viešpačiu.

Laiškas filipiečiams 4, 4

„Visuomet džiaukitės Viešpatyje!

Ir vėl kartoju: džiaukitės!"

3 skyrius

Džiaugsmas

Džiaugsmo vaisius
Priežastys, dėl kurių dingsta pirmosios meilės džiaugsmas
Kada gimsta dvasinis džiaugsmas
Kaip subrandinti džiaugsmo vaisių
Liūdėjimas, subrandinus džiaugsmo vaisių
Būkite gerai nusiteikę ir visada vadovaukitės gerumu

Džiaugsmas

Juokas sumažina stresą, pyktį ir įtampą, taip padėdamas išvengti širdies priepuolio ir staigios mirties. Jis taip pat sustiprina kūno imunitetą, padeda atsispirti užkrečiamoms ligoms, pavyzdžiui, gripui, ir net vėžiui bei ligoms susijusioms su gyvenimo būdu. Juokas tikrai labai naudingas mūsų sveikatai ir Dievas taip pat liepė mums visada džiaugtis. Kas nors paklaus: „Kaip džiaugtis, kai viskas blogai?" Bet tikintieji visada džiaugiasi Viešpatyje, nes tiki, kad Dievas padės jiems sunkumuose, ir galiausiai jie bus nuvesti į amžinojo džiaugsmo karalystę danguje.

Džiaugsmo vaisius

Džiaugsmas yra „didelio pasitenkinimo ir malonumo jausmas, linksmumas, laimė." Tačiau dvasinis džiaugsmas yra ne tik linksmumas ir laimė. Net netikintieji džiaugiasi, kai jiems gerai sekasi, bet tai laikinas džiaugsmas. Sunkumų metu jis pradingsta. Tačiau subrandinę džiaugsmo vaisių širdyje mes džiaugsimės bet kokiose aplinkybėse.

Pirmas laiškas tesalonikiečiams 5, 16-18 sako: „*Visuomet džiaukitės, be paliovos melskitės! Visokiomis aplinkybėmis dėkokite, nes to Dievas nori iš jūsų Kristuje Jėzuje.*" Dvasinis džiaugsmas yra džiaugimasis visuomet ir dėkojimas visokiose aplinkybėse. Džiaugsmas yra vienas iš akivaizdžiausių ir aiškiausių požymių, pagal kuriuos galime nustatyti, ar tikrai krikščioniškai gyvename.

Kai kurie tikintieji eina Viešpaties keliu visada kupini džiaugsmo ir laimės, kiti neturi tikro džiaugsmo ir dėkingumo, trykštančių iš širdies, net labai stengdamiesi gyventi tikėjimu. Jie lankosi bažnyčios pamaldose, meldžiasi ir atlieka pareigas bažnyčioje, bet visa tai daro kaip vykdydami pareigą, abejingai, ir jeigu susiduria su bet kokia problema, visiškai praranda ramybę širdyje ir pasidaro labai nervingi.

Kai iškyla problema, kurios jūs negalite išspręsti savo jėgomis, galite pasitikrinti, ar tikrai džiaugiatės iš širdies gelmių. Atsidūrus sunkiose aplinkybėse, naudinga pasižiūrėti į veidrodį. Tai taip pat padeda pasitikrinti džiaugsmo vaisiaus brandą. Tiesą sakant, vien Jėzaus Kristaus malonės, išgelbėjusios mus Jo krauju, daugiau negu pakanka tam, kad nuolat džiaugtumėmės. Mes buvome pasmerkti amžinajai ugniai pragare, bet per Jėzaus Kristaus kraują mums atsivėrė kelias į dangaus karalystę, kupiną laimės ir ramybės. Vien šis faktas turi padaryti mus neapsakomai laimingus.

Izraelitams po Išėjimo perėjus Raudonąją jūrą sausu jos dugnu, ir Dievui paskandinus juos besivejančią egiptiečių kariuomenę, kaip jie džiaugėsi? Kupinos džiaugsmo moterys šoko, mušdamos būgnelius su žvangučiais, ir visa tauta garbino Dievą (Išėjimo knyga 15, 19-20).

Panašiai, kai žmogus priima Viešpatį, jį apima neapsakomas išganymo džiaugsmas, ir jis visą laiką gieda garbę Dievui, net pavargęs po sunkios darbo dienos. Net persekiojamas dėl Viešpaties vardo ir kentėdamas nepelnytus sunkumus jis jaučiasi laimingas, galvodamas apie dangaus karalystę. Nuolat ir uoliai puoselėdamas šį džiaugsmą jis greitai subrandina džiaugsmo vaisių.

Priežastys, dėl kurių dingsta pirmosios meilės džiaugsmas

Iš tiesų nelabai daug žmonių išsaugo pirmosios meilės džiaugsmą. Praėjus kuriam laikui po Viešpaties priėmimo, džiaugsmas pranyksta, ir jų jausmai išganymo malonės atžvilgiu atvėsta. Jie būdavo laimingi net sunkumuose, galvodami apie Viešpatį, bet vėliau pradėjo dūsauti ir dejuoti. Jie visai kaip izraelitai, kurie labai greitai pamiršo džiaugsmą, patirtą perėjus Raudonąją jūrą, skundėsi Dievu ir sukildavo prieš Mozę dėl nedidelių sunkumų.

Kodėl žmonės taip pasikeičia? Dėl savo širdies kūniškumo. Kūniškumo dvasine prasme. Tai prigimties arba charakterio savybės priešingos dvasiai. Mūsų dvasia priklauso Dievui Kūrėjui, nuostabiam ir niekada nesikeičiančiam, tuo tarpu „kūnas" yra nuodėmingos prigimties savybės, atskiriančios mus nuo Dievo. Tai dalykai, kurie pražus, suges ir išnyks. Visos nuodėmės, nusikaltimai, neteisumas ir netiesa yra kūnas. Tie, kas pasiduoda kūniškumui, praras džiaugsmą, kuris kadaise trykšte tryško iš jų širdies. Kūniška prigimtis genda, todėl priešas velnias ir šėtonas stengiasi įstumti mus į sunkias aplinkybes, kurstydamas mūsų gendančią prigimtį.

Apaštalas Paulius buvo sumuštas ir įmestas į kalėjimą už evangelijos skelbimą, bet meldėsi ir gyrė Dievą, niekuo nesirūpindamas. Tuomet įvyko didelis žemės drebėjimas, ir kalėjimo durys atsidarė. Be to, per šį įvykį jis evangelizavo daug netikinčiųjų. Jis neprarado džiaugsmo jokiuose sunkumuose, ir davė tikintiesiems patarimą: *„Visuomet džiaukitės Viešpatyje! Ir vėl kartoju: džiaukitės! Jūsų meilumas tebūna žinomas visiems.*

Viešpats yra arti! Nieku per daug nesirūpinkite, bet visuose reikaluose malda ir prašymu su padėka jūsų troškimai tesidaro žinomi Dievui" (Laiškas filipiečiams 4, 4-6).

Jeigu esi siaubingoje padėtyje, ir tau atrodo, kad kybai virš bedugnės, įsikibęs į skardžio atbrailą, kodėl tau nepasekus apaštalo Pauliaus pavyzdžiu ir maldoje nepadėkojus Dievui? Dievui patiks tavo tikėjimo darbas, ir Jis viską panaudos geram.

Kada gimsta dvasinis džiaugsmas

Dovydas nuo pat jaunystės kariavo už savo šalį. Jis nusipelnė pagyrimo ir pasiekė daug pergalių daugelyje skirtingų karų. Kai piktosios dvasios kankindavo karalių Saulių, jis grodavo arfa, kad nuramintų karalių ir niekada nesulaužė savo karaliaus įsakymo. Tačiau karalius Saulius nebuvo dėkingas Dovydui už tarnavimą, bet neapkentė jo, nes pavydėjo jam. Visa tauta mylėjo Dovydą, todėl Saulius bijojo netekti sosto ir persekiojo Dovydą su savo kariuomene, siekdamas jo mirties.

Dovydui teko bėgti nuo Sauliaus. Vieną kartą, kad išgelbėtų savo gyvybę svetimoje šalyje, jis apsiseilėjo, apsimesdamas bepročiu. Kaip jūs jaustumėtės, būdami jo vietoje? Dovydas niekada nenusiminė ir visada džiaugėsi. Jis išpažino savo tikėjimą Dievu nuostabia psalme.

„VIEŠPATS mano Ganytojas,
man nieko netrūksta.
Žaliose pievose jis mane guldo,
prie ramių vandenų gano.

*Jis atgaivina mano gyvastį
ir veda teisumo takais, kaip dera jo vardui.
Nors einu per tamsiausią slėnį,
nebijau jokio pavojaus, nes tu su manimi.
Tavo Ganytojo lazda ir vėzdas
apgins mane.
Tu padengi man stalą
mano priešų matomoje vietoje,
patepi dosniai mano galvą aliejumi;
sklidina mano taurė!
Tik gerumas ir ištikimoji meilė lydės mane
per visas mano gyvenimo dienas,
ir aš visados gyvensiu VIEŠPATIES Namuose"* (Psalmynas 23, 1-6).

Tikrovė buvo kaip erškėčiuotas kelias, bet Dovydas širdyje turėjo liepsnojančią meilę Dievui ir nesvyruojantį pasitikėjimą Juo. Niekas negalėjo atimti džiaugsmo, trykštančio iš jo širdies gelmių. Dovydas tikrai buvo žmogus, subrandinęs džiaugsmo vaisių.

Aš priėmiau Viešpatį maždaug prieš keturiasdešimt vienerius metus ir niekada nepraradau pirmosios meilės džiaugsmo. Aš vis dar kasdien gyvenu su dėkingumu. Septynerius metus sirgau daugybe ligų, bet Dievo galia akimirksniu išgydė visas ligas. Aš tapau krikščioniu ir pradėjau dirbti statybose. Galėjau gauti geresnį darbą, bet pasirinkau sunkesnį, nes tai buvo vienintelė galimybė švęsti sekmadienį, Viešpaties dieną.

Kasdien keldavausi ketvirtą ryto ir eidavau į maldos susirinkimą auštant. Paskui vykdavau į darbą, įsidėjęs pietus. Važiuodavau autobusu apie pusantros valandos. Dirbau nuo ryto iki vakaro beveik be poilsio. Tai buvo tikrai sunkus darbas. Prieš tai nebuvau fiziškai dirbęs ir daug metų sirgau, todėl man tai tikrai buvo nelengvas darbas.

Grįždavau po darbo namo apie dešimtą valandą vakaro. Greitai nusiprausęs pavakarieniaudavau, paskaitydavau Bibliją ir pasimeldęs eidavau miegoti apie vidurnaktį. Mano žmona dirbo išnešiojamoje prekyboje, kad pragyventume, bet mums buvo sunku sumokėti net palūkanas už skolą, susikaupusią per tą laiką, kol sirgau. Mes vos sudurdavome galą su galu. Nors buvau labai sunkioje finansinėje padėtyje, mano širdis visada buvo pilna džiaugsmo ir aš skelbiau evangeliją, kiekvienai progai pasitaikius.

Aš sakydavau: „Dievas gyvas! Pažiūrėkite į mane! Aš laukiau mirties, bet Dievas išgydė mane, ir esu visiškai sveikas!"

Tikrovė buvo sunki, ypač finansiškai, bet aš visada dėkojau už meilę Dievui, kuris išgelbėjo mane iš mirties. Mano širdis buvo pilna dangaus vilties. Kai gavau iš Dievo pašaukimą tapti pastoriumi, iškentėjau daug neteisybės ir žmogui nepakeliamų sunkumų, tačiau mano džiaugsmas ir dėkingumas neatslūgo.

Kaip tai įmanoma? Todėl, kad dėkingumas širdyje gimdo daugiau dėkingumo. Visada ieškau, už ką dėkoti, ir meldžiuosi Dievui su dėkojimu. Ir ne tik meldžiuosi, man patinka atnašauti Dievui padėkos aukas. Be dėkojimo Dievui aukų, kurias malda atnašauju per kiekvienas pamaldas, uoliai dėkoju Dievui ir už visus kitus dalykus. Dėkoju už bažnyčios narius, kurie auga tikėjime; už man suteiktas galimybes garbinti Dievą masinėse evangelizacinėse kampanijose užsienio šalys; už bažnyčios augimą ir taip toliau.

Man patinka už viską dėkoti.
Dievas suteikė man daugybę palaiminimų ir malonės, todėl negaliu liautis dėkojęs. Jeigu būčiau dėkojęs tik už gerus dalykus ir skundęsis blogais, nebūčiau patyręs tokios laimės, kokia dabar džiaugiuosi.

Kaip subrandinti džiaugsmo vaisių

Pirma, jūs turite atmesti kūniškumą.
Kai atsikratome pavydo, mes taip džiaugiamės kitų pagyrimais ir palaiminimais, lyg mes patys būtume giriami ir laiminami. Tačiau kol pavydas gyvas mūsų širdyje, mums sunku matyti kitų klestėjimą. Mus apima nemalonūs jausmai kitų atžvilgiu, mes netenkame džiaugsmo ir nusimename, nes jaučiamės nevisaverčiai, kai žmonės aukština kitus.

Taip pat, jeigu neturime pykčio ir apmaudo, mes būsime visiškai ramūs, patyrę nuostolių arba kam nors šiukščiai su mumis pasielgus. Mes pasipiktiname ir nusiviliame tik dėl savo kūniškumo. Šis kūniškumas yra našta, apsunkinanti širdį. Pasiduodami savanaudiškai prigimčiai ir ieškodami savo naudos mes jausimės labai blogai ir kankinsimės, mums atrodys, kad mūsų kančios didesnės negu kitų.

Priešas velnias ir šėtonas kursto mūsų kūnišką prigimtį, stengdamasis įstumti mus į sunkias aplinkybes, kad negalėtume džiaugtis. Jeigu pasiduosime kūniškumui, neturėsime dvasinio tikėjimo, ir mūsų rūpesčiai tik didės, nes negalėsime pasikliauti Dievu. Tačiau pasitikintieji Dievu džiaugiasi, net neturėdami ko valgyti, nes Dievas pažadėjo, kad aprūpins mums viskuo, kai pirma ieškosime Jo karalystės ir teisybės (Evangelija pagal Matą 6, 31-33).

Turintieji tikrą tikėjimą atiduos visus reikalus į Dievo rankas, melsdamiesi ir dėkodami bet kokiuose sunkumuose. Jie ieškos Dievo karalystės ir teisybės su ramybe širdyje ir paskui prašys, ko jiems reikia. Tačiau pasikliaujantieji ne Dievu, bet savo mintimis ir planais, neteks ramybės. Turintieji verslą bus nuvesti į klestėjimą ir sulauks palaiminimų, jeigu aiškiai girdės Šventosios Dvasios balsą ir klausys jo. Bet kol turės godumo, nekantrumo ir netiesos, jie negirdės Šventosios Dvasios balso ir susidurs su sunkumais. Apibendrinant, pagrindinė priežastis, dėl kurios netenkame džiaugsmo, yra nuodėminga prigimtis mūsų širdyje. Mes turėsime vis daugiau dvasinio džiaugsmo ir dėkingumo, ir viskas mums seksis pagal tai, kiek kūniškumo išrausime iš savo širdies.

Antra, mes turime visada paklusti Šventosios Dvasios troškimams.

Mes ieškome ne pasaulio džiaugsmo, bet ateinančio iš aukštybių Šventosios Dvasios džiaugsmo. Mes džiaugiamės ir esame laimingi tik tada, kai mumyse gyvenanti Šventoji Dvasia džiaugiasi. Tikrasis džiaugsmas ateina, kai garbiname Dievą savo širdimi, meldžiamės, šloviname Jį ir vykdome Jo žodį.

Kai Šventoji Dvasia parodo mūsų trūkumus, ir mes pasitaisome, kokie laimingi būname! Mes būname laimingesni ir dėkingesni, kai atrandame savo naująjį aš, kitokį negu senasis. Dievo duotas džiaugsmas nepalyginamas su pasaulio džiaugsmu, ir niekas negali jo atimti.

Priklausomai nuo pasirinkimų mūsų kasdieniniame gyvenime, mes vykdome Šventosios Dvasios troškimus arba tenkiname kūno geidulius. Jeigu kiekvieną akimirką pasiduodame Šventosios Dvasios troškimams, Ji džiaugiasi mumyse ir pripildo mus džiaugsmu. Jono trečiame laiške 1, 4 parašyta: *„Aš nerandu didesnio džiaugsmo, kaip klausytis, jog mano vaikai gyvena tiesoje."* Dievas džiaugiasi ir suteikia mums Šventosios Dvasios džiaugsmo pilnatvę, kai mes gyvename tiesoje.

Pavyzdžiui, jeigu mūsų savanaudiškumas susigrums su noru ieškoti kitų naudos, ir šis konfliktas užsitęs, mes prarasime džiaugsmą. Jei galiausiai imsime ieškoti savo naudos, atrodys, kad mes galime gauti ko norime, bet nerasime dvasinio džiaugsmo. Mus kankins sąžinės priekaištai arba širdies skausmas. Kita vertus, jeigu ieškosime kitų naudos, gali atrodyti, kad patirsime nuostolį, bet mes gausime džiaugsmą iš aukštybių, nes Šventoji Dvasia džiaugsis mumyse. Tik patyrusieji šį dangišką džiaugsmą supranta, koks jis nuostabus. Tai tokia laimė, kokios niekas šiame pasaulyje negali duoti ir suprasti.

Papasakosiu istoriją apie du brolius. Vyresnysis nenorėdavo plauti indų po valgio, todėl jaunesnysis visada turėdavo viską sutvarkyti po valgių ir buvo nepatenkintas. Vieną dieną, kai vyresnysis brolis pavalgė ir jau kėlėsi nuo stalo, jaunesnysis tarė: „Tu turi išsiplauti savo indus." Vyresnysis atšovė: „Tu juos išplausi", ir nuėjo į savo kambarį. Jaunėliui tai labai nepatiko, bet jo brolis išėjo.

Jaunesnysis brolis žino, kad jo brolis neįpratęs plauti indų, todėl jam belieka su džiaugsmu tarnauti broliui ir pačiam plauti visus indus. Galite pagalvoti, kad jaunesnysis visada plaus indus, o vyresnysis nematys jokių problemų. Tačiau jeigu vadovausimės gerumu, Dievas pakeis padėtį. Dievas pakeis vyresniojo brolio širdį, ir jis ims galvoti: „Man gėda, kad visą laiką verčiau savo brolį plauti indus. Nuo šiol plausiu savo ir jo indus."

Jeigu tenkiname kūno geidulius, siekdami trumpalaikės naudos, visada turėsime nemalonumų ir kivirčų. Tačiau būsime kupini džiaugsmo, jeigu iš širdies tarnausime kitiems paklusdami Šventosios Dvasios troškimams.

Tas pats principas tinka ir visiems kitiems reikalams. Gal jums sunku, nes teisiate kitus pagal savo standartus, bet jeigu pakeisite savo širdį ir geranoriškai suprasite juos, jūs turėsite ramybę. Kaip jūs elgiatės susitikę labai skirtingą negu jūs žmogų, kurio nuomonė visiškai kitokia negu jūsų? Vengiate jo ar šiltai pasveikinate šypsodamiesi? Netikinčiųjų požiūriu patogiau išvengti ir nepastebėti tų žmonių, kurie jiems nepatinka, negu maloniai elgtis su jais.

Bet vykdantieji Šventosios Dvasios troškimus nuoširdžiai šypsosi tiems žmonėms. Kai mes kasdien mirštame sau, kad paguostume kitus (Pirmas laiškas korintiečiams 15, 31), patiriame tikrąją ramybę ir džiaugsmą, ateinančius iš aukštybių. Be to, mes visą laiką turime ramybę ir džiaugsmą, net jeigu kas nors mums nepatinka arba kieno nors charakteris mums nepriimtinas.

Tarkime, bažnyčios vyresnysis pakviečia jus kartu aplankyti bažnyčios narį, kuris nebuvo sekmadienio pamaldose, arba retai jums pasitaikančią išeiginę dieną paprašo paskelbti evangeliją kokiam nors žmogui. Viena jūsų proto dalis sako, kad jums reikia pailsėti, bet kita dalis ragina dirbti Dievo darbą. Jūs turite laisvą valią pasirinkti, bet ilgas miegas ir kūno lepinimas nebūtinai suteiks jums džiaugsmo.

Jūs jausite Šventosios Dvasios ir džiaugsmo pilnatvę, kai

atiduosite savo laiką ir nuosavybę Dievo tarnystei. Nuolat paklusdami Šventosios Dvasios troškimams jūs ne tik turėsite vis daugiau dvasinio džiaugsmo, bet ir jūsų širdis vis labiau keisis tiesoje. Taip pat jūs brandinsite džiaugsmo vaisių, ir jūsų veidas švytės dvasine šviesa.

Trečia, mes turime uoliai sėti džiaugsmo ir dėkingumo sėklas.
Norėdamas sulaukti derliaus ūkininkas turi pasėti sėklas ir prižiūrėti jas. Taip pat, kad subrandintume džiaugsmo vaisių, turime uoliai rūpintis dėkojimu ir atnašauti padėkos aukas Dievui. Jeigu esame Dievo vaikai, turintys tikėjimą, turime labai daug priežasčių džiaugsmui!

Pirma, mes turime išganymo džiaugsmą, kurio į nieką nemainytume. Gerasis Dievas yra mūsų Tėvas ir rūpinasi savo vaikais, kurie gyvena tiesoje, ir atsako į visas jų maldas. Ar suprantate, kokie mes laimingi? Jeigu tik švęsime Viešpaties dieną ir atnešime visą dešimtinę, mes nepatirsime jokių nelaimių per visus metus. Jeigu nedarome nuodėmių, laikomės Dievo įsakymų ir ištikimai dirbame Jo karalystei, mes visą laiką gauname palaiminimus.

Net jeigu susiduriame su sunkumais, visų problemų sprendimai yra šešiasdešimt šešiose Biblijos knygose. Jeigu sunkumus sukėlė mūsų blogi darbai, mes galime atgailauti ir palikti blogus kelius, kad Dievas pasigailėtų mūsų ir išvaduotų iš bėdų. Mes pažvelgiame į save, ir jeigu širdis nesmerkia mūsų, džiaugiamės ir dėkojame. Tuomet Dievas veikia visuose dalykuose, kad jie išeitų į gera, ir suteikia mums dar daugiau palaiminimų.

Negalime laikyti Dievo mums suteiktos malonės savaime

suprantamu dalyku. Turime visą laiką džiaugtis ir dėkoti Jam. Kai mes visuomet džiaugiamės ir už viską dėkojame, Dievas daro mus dar dėkingesnius. Taip mūsų dėkingumas ir džiaugsmas auga, kol subrandiname tobulo džiaugsmo vaisių.

Liūdėjimas, subrandinus džiaugsmo vaisių

Net subrandinus džiaugsmo vaisių širdyje, kartais mums būna liūdna. Tai dvasinis liūdėjimas tiesoje.

Pirma, mus apima atgailos liūdesys. Jeigu mūsų nuodėmės sukelia išbandymus, neišspręsime savo problemų džiaugdamiesi ir dėkodami. Jeigu kas nors džiaugiasi, padaręs nuodėmę, tai pasaulio džiaugsmas, neturintis nieko bendra su Dievu. Nusidėję turime su ašaromis atgailauti ir palikti blogus kelius. Turime nuoširdžiai atgailauti, klausdami savęs: „Kaip aš galėjau taip nusikalsti, tikėdamas į Dievą? Kaip galėjau pamiršti Viešpaties malonę?" Tuomet Dievas priims mūsų atgailą ir įrodys, kad nuodėmės kliūtis pašalinta, suteikdamas džiaugsmą. Mes jausime tokį lengvumą ir džiugesį, lyg skrajotume danguje, ir gausime naują džiaugsmą ir dėkingumą iš aukštybių.

Tačiau atgailos liūdesys tikrai kitoks, negu verksmas iš skausmo nuo sunkumų ir nelaimių. Net jeigu priverktumėte ežerą ašarų, tai bus tik kūniškas liūdesys, kol verksite iš apmaudo dėl savo padėties. Taip pat, jeigu stengsitės tik išvengti bausmės ir nepaliksite visų savo nuodėmių, nepatirsite tikrojo džiaugsmo ir nejausite atleidimo. Jeigu jūs liūdite tikrai atgailaudami, turime atsižadėti noro nusidėti ir atnešti tikros atgailos vaisių. Tik tuomet vėl gausite dvasinį džiaugsmą iš aukštybių.

Antra, mes liūdime dėl Dievo vardo žeminimo ir sielų, einančių mirties keliu. Tai liūdėjimas tiesoje. Jeigu jus apims šis liūdesys, jūs karštai melsitės už Dievo karalystę. Jūs prašysite šventumo ir jėgos išgelbėti daugiau sielų ir plėsti Dievo karalystę. Toks liūdesys patinka Dievui. Kai dvasinis liūdesys apima jus, džiaugsmas išlieka giliai jūsų širdyje. Jūs neprarasite jėgų, nebūsite paniurę ir nusiminę, bet jausitės dėkingi ir laimingi.

Prieš kelerius metus Dievas parodė man dangaus namus, priklausančius vienai moteriai, kuri labai liūdėdama meldžiasi už Dievo karalystę ir bažnyčią. Jos namas išpuoštas auksu ir brangakmeniais, ten ypač daug didžiulių tviskančių perlų. Kaip austrė atiduoda visą savo gyvybinę energiją perlui, ji liūdėjo maldoje, prisimindama Viešpaties kančias, Dievo karalystę ir žūstančias sielas. Dievas atlygins jai už visas ašaras, išlietas maldose. Todėl turime visada džiaugtis, tikėdami į Dievą, bet taip pat ir liūdėti dėl Dievo karalystės nežinančių sielų.

Būkite gerai nusiteikę ir visada vadovaukitės gerumu

Sukūręs pirmąjį žmogų Adomą Dievas įdėjo džiaugsmą į jo širdį, bet kitokį, negu mes gauname ugdomi šioje žemėje.

Adomas buvo gyva būtybė arba gyva dvasia ir neturėjo jokio kūniškumo – nieko, kas priešinga džiaugsmui. Kitaip tariant, jis nežinojo, kas yra reliatyvumas, ir negalėjo suvokti džiaugsmo vertės. Tik tie, kas kentėjo sirgdami, supranta, kokia brangi sveikata. Tik

kentėjusieji skurdą, supranta tikrąją turtingo gyvenimo vertę.
Adomas nebuvo patyręs jokio skausmo ir negalėjo suvokti, koks laimingas buvo jo gyvenimas. Nors jis džiaugėsi amžinuoju gyvenimu ir pertekliumi Edeno sode, bet negalėjo tikrai džiaugtis iš visos širdies. Bet kai jis valgė nuo gero ir pikto pažinimo medžio, kūniška prigimtis įsiskverbė jam į širdį, ir jis prarado Dievo duotą džiaugsmą. Patyrusi daug skausmų šiame pasaulyje jo širdis prisipildė sielvarto, vienatvės, apmaudo, nuoskaudų ir rūpesčių.

Mes patyrėme visokiausių skausmų šioje žemėje ir turime atgauti Adomo prarastą dvasinį džiaugsmą. Todėl turime numarinti kūnišką prigimtį, visą laiką paklusti Šventosios Dvasios troškimams ir visur sėti džiaugsmo bei dėkingumo sėklas. Jeigu mes gerai nusiteiksime ir vadovausimės gerumu, subrandinsime tobulą džiaugsmo vaisių.
Šis džiaugsmas įgyjamas po to, kai patiriame gyvenimo šioje žemėje reliatyvumą, kurio Adomas nepatyrė, gyvendamas Edeno sode. Todėl džiaugsmas trykšta iš mūsų širdies gelmių ir niekada nesikeičia. Tikroji laimė, kuria džiaugsimės danguje, ugdoma mumyse jau šioje žemėje. Ar įsivaizduojate, kaip mes džiaugsimės, kai baigsime savo žemiškąją kelionę ir įžengsime į dangaus karalystę?
Evangelijoje pagal Luką 17, 21 parašyta: *„Ir niekas nepasakys: Štai ji čia arba ten! Juk Dievo karalystė jau yra tarp jūsų."* Viliuosi, kad jūs greitai subrandinsite džiaugsmo vaisių širdyje ir paragausite dangaus žemėje, gyvendami laimės kupiną gyvenimą.

Laiškas hebrajams 12, 14

„Siekite santaikos su visais, siekite šventumo,

be kurio niekas neregės Viešpaties."

Tokiems dalykams nėra įstatymo

4 skyrius

Ramybė

Ramybės vaisius
Kaip subrandinti ramybės vaisių
Gerų žodžių svarba
Išmintingas mąstymas, suprantant kitų požiūrį
Tikroji širdies ramybė
Palaiminimai taikdariams

Ramybė

Druskos dalelės yra nematomos, bet kai kristalizuojasi tampa gražiais kubo pavidalo kristalais. Nedidelis druskos kiekis, ištirpintas vandenyje, pakeičia visą molekulinę vandens struktūrą. Druska yra būtinas prieskonis, gaminant valgį. Druskoje esantys mikroelementai yra būtini žmogaus gyvybinių funkcijų palaikymui.

Dievas nori, kad mes pasiaukotume kitų gerovei bei išganymui, kaip ištirpusi druska pagerina maisto skonį ir saugo nuo sugedimo, ir subrandintume ramybės vaisių. Pažvelkime atidžiau į šį Šventosios Dvasios vaisių.

Ramybės vaisius

Net tikintys į Dievą žmonės negali ramiai gyventi taikoje su kitais, kol turi savo ego arba savąjį aš. Jeigu jiems atrodo, kad jų supratimas teisingas, jie nepaiso kitų nuomonių ir nederamai elgiasi. Net jeigu žmonės dauguma balsų priima susitarimą, jie toliau būna nepatenkinti sprendimu. Taip pat jie ieško žmonių trūkumų, užuot pastebėję gerąsias savybes, blogai kalba apie kitus ir skleidžia gandus, sėdami nesantaiką tarp žmonių.

Greta tokių žmonių pasijunti labai nemaloniai ir netenki ramybės. Ramybės drumstėjai visada atneša problemų, vargų ir išbandymų. Sudrumsta ramybė valstybėje, šeimoje, darbo vietoje, bažnyčioje ar bet kokioje žmonių grupėje užblokuoja kelią į palaiminimus ir sukelia daug sunkumų.

Pagrindinio vaidmens atlikėjas spektaklyje tikrai svarbus, bet kiti aktoriai ir užkulisių darbuotojai taip pat svarbūs. Tai tinka visoms organizacijoms. Nors tai gali pasirodyti banalu, bet kai žmogus kruopščiai ir iki galo atlieka jam patikėtas nedideles užduotis, vėliau jam bus paskirtos svarbesnės pareigos. Taip pat viršininkas neturi puikuotis todėl, kad dirba svarbų darbą. Kai jis padeda kitiems augti kartu, visi darbai atliekami ramiai ir patikimai.

Laiške romiečiams 12, 18 parašyta: „*Kiek galima ir kiek nuo jūsų priklauso, gyvenkite taikoje su visais žmonėmis.*" Ir Laiškas hebrajams 12, 14 ragina: „*Siekite santaikos su visais, siekite šventumo, be kurio niekas neregės Viešpaties.*"

Santaika šiame kontekste reiškia gebėjimą priimti kitų nuomones, net jeigu mano nuomonė teisinga. Turime nešti paguodą žmonėms. Ramybės vaisius yra kilni širdis priimanti viską, kas neprieštarauja tiesai. Tai nešališkas ieškojimas kitų naudos ir stengimasis išvengti konfliktų su kitais, susilaikant nuo savo nuomonės piršimo ir nežiūrint į kitų trūkumus.

Dievo vaikai turi puoselėti taikius santykius ne tik su tėvais, vaikais, broliais, seserimis ir kaimynais, bet ir su visais žmonėmis. Jie turi būti taikoje ne tik su tais, kuriuos myli, bet su nekenčiančiais jų ir darančiais jiems bloga. Santaika ypač svarbi bažnyčioje. Dievas negali veikti ten, kur ramybė sudrumsta. Tai suteikia šėtonui progą kaltinti mus. Net jeigu uoliai triūsiame ir pasiekiame didelių tikslų Dievo tarnystėje, bet mūsų ramybė sudrumsta, mes neverti pagyrimo.

Pradžios knygos 26-ame skyriuje aprašyta, kaip Izaokas siekė taikos su visais net tada, kai kiti užsipuldavo jį. Bėgdamas nuo bado Izaokas nukeliavo į filistinų žemę. Dievas laimino jį, jis turėjo daugybę avių bei galvijų kaimenių ir gausią šeimyną.

Filistinai pavydėjo jam ir užvertė žemėmis Izaoko šulinius. Tame krašte trūko lietaus, vasarą visai nelydavo. Šuliniai buvo jiems gyvybiškai svarbūs. Tačiau Izaokas nesivaidijo su jais, bet paliko tą vietą ir išsikasė kitą šulinį. Kai įdėjęs daug triūso jis rado vandens, filistinai atėjo ir pareiškė, kad tai jų šulinys. Izaokas nesipriešindamas atidavė jiems ir šį šulinį. Jis išsikėlė į kitą vietą ir vėl išsikasė šulinį.

Filistinai pasinaudojo juo daug kartų, bet Izaokas rodė jiems tik gerumą, ir Dievas laimino jį, kur tik jis ėjo. Matydami tai filistinai suprato, kad Dievas buvo su juo ir nebetrukdė jam gyventi. Jeigu Izaokas būtų kivirčijęsis ar keršiję už patirtas skriaudas, būtų tapęs jų priešu ir turėjęs palikti tą kraštą. Jeigu jis būtų teisėtai gynęsis, nebūtų nieko laimėjęs, nes filistinai siekė kivirčo su piktais kėslais. Todėl Izaokas rodė jiems gerumą ir subrandino ramybės vaisių.

Kai mes subrandiname ramybės vaisių, Dievas valdo visas aplinkybes, ir mums visur sekasi. Kaip mums subrandinti šį vaisių?

Kaip subrandinti ramybės vaisių

Pirma, turime susitaikyti su Dievu.

Visų svarbiausia sugriauti visas nuodėmės sienas, kad gyventume taikoje su Dievu. Adomas slėpėsi nuo Dievo, nes nepakluso Dievo žodžiui ir valgė uždrausto vaisiaus (Pradžios knyga 3, 8). Prieš tai jis jautėsi labai artimas Dievui, bet dabar Dievo artybė kėlė baimę ir norą atsiriboti, nes nusidėdamas Adomas sulaužė taiką su Dievu.

Tas pats ir su mumis. Kai elgiamės tiesoje, esame taikoje su

Dievu ir nebijome Jo artybės. Žinoma, norėdami turėti tobulą ramybę, turime išrauti visas nuodėmes ir pikta iš savo širdies ir būti pašventinti. Tačiau jeigu net būdami dar netobuli uoliai gyvename tiesoje pagal savo tikėjimo mastą, esame taikoje su Dievu. Mes negalime iš karto turėti tobulos Dievo ramybės, bet įgyjame Jo ramybę, ieškodami taikos su Juo pagal savo tikėjimo mastą.
Net stengdamiesi susitaikyti su žmonėmis pirmiausia turime susitaikyti su Dievu. Nors ir privalome siekti taikos su tėvais, vaikais, sutuoktiniu arba sutuoktine ir bendradarbiais, turime niekada nedaryti nieko prieš tiesą. Kitaip tariant, negalime ardyti taikos su Dievu, siekdami taikos su žmonėmis.

Pavyzdžiui, kas būtų, jeigu nusilenktume stabams arba nešvęstume Viešpaties dienos, kad išsaugotume taiką su netikinčiais savo šeimos nariais? Atrodytų, kad bent trumpam išsaugosime ramybę, bet iš tiesų sulaužytume taiką su Dievu ir atsitvertume nuo Jo nuodėmės siena. Mes negalime daryti nuodėmių, siekdami taikos su žmonėmis. Taip pat jei mes nusižengiame įsakymui švęsti sekmadienį, kad sudalyvautume giminaičio ar draugų vestuvėse, sulaužome taiką su Dievu bei negalime gyventi tikroje taikoje ir su žmonėmis.
Norėdami gyventi tikroje taikoje su žmonėmis, pirmiausia turime patikti Dievui. Tuomet Dievas nuvarys šalin priešą velnią ir šėtoną bei pakeis piktų žmonių nusistatymą, kad būtume taikoje su visais. Patarlių knygoje 16, 7 parašyta: *„Kai VIEŠPATS patenkintas žmogaus elgesiu, jis sutaiko su juo net jo priešus."*
Žinoma, žmonės gali toliau ardyti taiką su mumis, net kai nuoširdžiai stengiamės pasilikti tiesoje. Tokiais atvejais, jei liksime

ištikimi tiesai iki galo, Dievas viską pavers į gera. Taip atsitiko su Dovydu ir karaliumi Sauliumi. Karalius Saulius iš pavydo bandė nužudyti Dovydą, bet pastarasis rodė jam gerumą iki galo. Dovydas turėjo daug progų nužudyti jį, bet apsisprendė siekti taikos su Dievu, darydamas tik gera. Galiausiai Dievas dovanojo Dovydui karaliaus sostą ir taip atlygino jam už gerus darbus.

Antra, turime susitaikyti su savimi.
Norėdami susitaikyti su savimi turime atmesti visus pikto pavidalus ir būti pašventinti. Kol turime pikto savo širdyje, įvairios aplinkybės sužadina mūsų sugedimą, ir mes prarandame ramybę. Galime manyti, kad turime ramybę, kai viskas klostosi pagal mūsų planus, bet kai ima nesisekti, netenkame ramybės, ir išsiveržia mūsų širdyje paslėptas pyktis. Kaip blogai mes jaučiamės, kai neapykanta arba įniršis užverda mūsų širdyje! Tačiau galime turėti širdies ramybę, nepaisydami jokių aplinkybių, jeigu ištikimai renkamės tiesą.

Tačiau kai kurie žmonės neturi tikros širdies ramybės, nors ir stengiasi gyventi tiesoje bei taikoje su Dievu. Dėl to kalti jų mąstysenos šablonai ir įsitikinimas savo teisumu.

Pavyzdžiui, kartais žmonės neturi ramybės, nes būna per daug susirūpinę tiksliu Dievo žodžio vykdymu. Kaip Jobas prieš išbandymus jie uoliai meldžiasi ir stengiasi gyventi pagal Dievo žodį, bet ne iš meilės Dievui. Jie gyvena pagal Dievo žodį, bijodami Jo bausmės ir atpildo. Jeigu kokiose nors aplinkybėse netyčia nusižengia tiesai, jie labai susinervina, bijodami liūdnų pasekmių.

Kaip baisiai kankinasi jų širdis, nors jie uoliai stengiasi elgtis teisingai! Jų dvasinis augimas sustoja, ir jie praranda džiaugsmą.

Jie kankinasi dėl savojo teisumo ir mąstymo šablonų. Šiuo atveju jie turi stengtis ugdyti meilę Dievui ir atsikratyti pedantiško įstatymo vykdymo manijos. Žmogus patiria tikrą ramybę, tik mylėdamas Dievą iš visos širdies ir suvokdamas Dievo meilę.

Kitas pavyzdys yra žmonės, nesusitaikantys su savimi dėl savo neigiamo mąstymo. Jie stengiasi vykdyti tiesą, bet smerkia save ir skaudina savo širdį, kai nepasiekia norimų rezultatų. Jie jaučiasi nusikaltę Dievui ir nusimena, galvodami apie savo didžiulius trūkumus. Jiems atrodo, kad aplinkiniai nusivylė jais ir paliks juos.

Šie žmonės turi tapti dvasiniais vaikais. Tikinčių savo tėvų meile vaikų mintys labai paprastos. Net jeigu suklysta, jie nesislepia nuo savo tėvų, bet puola jiems į glėbį ir žada būti geri. Jeigu vaikai gailisi nusižengę ir žada būti geri, meiliai žiūrėdami į tėvus, pastarieji dažniausiai atlaidžiai nusišypso, net jei prieš tai ruošėsi pabarti vaikus.

Žinoma, tai nereiškia, kad jūs turite visą laiką žadėti pasitaisyti ir kartoti tą pačią klaidą. Jeigu jūs tikrai norite nusigręžti nuo nuodėmių ir pasitaisyti, ar Dievas nusisuks nuo jūsų? Kas tikrai atgailauja, tie nenusimena dėl to, ką žmonės pagalvos ar padarys. Žinoma, jie gali susilaukti bausmės arba kuriam laikui pažeminti pareigose pagal teisingumo reikalavimus. Neabejojantieji Dievo meile noriai priima Dievo bausmes ir nesirūpina tuo, ką žmonės pagalvos ar pasakys.

Dievui nepatinka, kai žmonės abejoja, galvodami, kad Jis neatleido jų nuodėmių. Jeigu jie tikrai atgailauja ir palieka savo nuodėmingus kelius, Dievui patinka, kai jie tiki, kad jiems atleista. Net išbandymai dėl jų nusižengimų pavirsta palaiminimais, jeigu jie priima juos su džiaugsmu ir dėkingumu.

Todėl turime tikėti, kad Dievas myli mus, kol mes dar netobuli, ir padarys mus tobulus, jeigu stengsimės keistis. Jeigu esame pažeminami išbandymuose turime pasikliauti Dievu, kuris galiausiai pakels mus. Turime atsikratyti troškimo būti žmonių pripažintais. Jeigu ugdome tiesą širdyje ir darome gerus darbus, gyvename taikoje su savimi ir įgyjame dvasinį pasitikėjimą Dievu.

Trečia, turime gyventi taikoje su visais.
Norėdami gyventi taikoje su visais, turime pajėgti aukotis. Turime aukotis dėl kitų, negailėdami net savo gyvybės. Apaštalas Paulius pasakė: „Aš kasdien mirštu," todėl turime nereikalauti savo nuomonės ar vertybių pripažinimo, kad gyventume taikoje su visais.

Siekdami taikos turime nesielgti nederamai, nesipuikuoti ir nesigirti. Turime nuoširdžiai nusižeminti ir padrąsinti kitus. Turime būti nešališki ir tuo pat metu priimti kitokias nuomones, jeigu jos neprieštarauja tiesai. Turime mąstyti ne vadovaudamiesi savo tikėjimo mastu, bet suprasdami kitų nuomonę. Net jei mūsų nuomonė teisinga arba geresnė, turime pajėgti sutikti su kitų nuomone.

Tai nereiškia, kad turime pritarti, kai žmonės pasirenka mirties kelią ir daro nuodėmes. Neturime eiti į kompromisą su jais ar prisidėti prie nuodėmingų darbų. Kartais reikia patarti jiems arba su meile sudrausti. Mes gauname didžių palaiminimų, kai siekiame taikos tiesoje.

Turime nepasikliauti savo teisuoliškumu ir mąstymo šablonais, kad gyventume taikoje su visais. Mąstymo šablonai yra įsitikinimas savo supratimo neklaidingumu. Teisuoliškumas yra pastangos primesti kitiems savo nuomonę, įsitikinimus ir idėjas, įsitikinus jų pranašumu. Teisuoliškumas ir mąstymo šablonai pasireiškia mūsų gyvenime visokiais būdais.

Kas bus jei darbuotojas nesilaikys darbo etikos ir teisins savo veiksmus, manydamas, kad jo bendrovės reikalavimai neteisingi? Jis gali manyti, kad elgiasi tinkamai, bet jo viršininkas ir bendradarbiai galvos kitaip. Taip pat teisinga sutikti su kitais, kol jie neprieštarauja tiesai.

Kiekvienas žmogus turi skirtingą charakterį, nes kiekvienas augo skirtingoje aplinkoje. Kiekvienas turi skirtingą išsilavinimą ir tikėjimo mastą, todėl visų tiesos ir melo bei gėrio ir blogio standartai skiriasi. Kas vienam atrodo teisinga, kitam atrodo klaidinga.

Paimkime vyro ir žmonos santykių pavyzdį. Vyras nori, kad namai visada būtų sutvarkyti, bet žmona jų netvarko. Pradžioje jis viską pakelia su meile ir pats valo namus, bet laikui bėgant pradeda piktintis. Jis pradeda galvoti, kad jo žmona blogai išauklėta, ir stebisi, kodėl ji negali padaryti to, kas taip paprasta ir tinkama. Jis nesupranta, kodėl jos įpročiai nepasikeitė net po tiek metų, nepaisant jo dažnų patarimų žmonai.

Kita vertus, žmona taip pat turi ką pasakyti. Jos nusivylimas vyru auga, ir ji galvoja: „Aš gyvenimu ne tik namų valymui ir tvarkymui. Jei kartais negaliu išvalyti namų, jis pats gali tai padaryti. Kodėl jis tiek priekaištauja? Atrodė, kad jis pasiryžęs dėl manęs bet ką padaryti, bet dabar priekaištauja dėl smulkmenų, net kalba apie blogą auklėjimą mano šeimoje!" Kiekvienas iš judviejų perša savo nuomonę ir troškimus, ir jie neturi ramybės. Taika pasiekiama tik atsižvelgiant į kito nuomonę ir tarnaujant vienas kitam bei atsisakant savo reikalavimų.

Jėzus mums sako, kad prieš atnešdami aukas Dievui turime susitaikyti su broliu, jeigu jis turi ką nors prieš mus, ir tik paskui sugrįžus atnešti auką. (Evangelija pagal Matą 5, 23-24). Dievas priims mūsų aukas tik po to, kai susitaikysime su broliu.

Tie, kas gyvena taikoje su Dievu ir savimi, nelaužys taikos su kitais. Jie nesiginčys su kitais, nes jau atmetė savo godumą, puikavimąsi, puikybę, teisuoliškumą ir mąstymo šablonus. Net kai kiti pikti ir drumsčia ramybę, šie žmonės aukojasi dėl taikos su savo artimu.

Gerų žodžių svarba

Siekdami taikos turime žinoti kelis svarbius dalykus. Labai svarbu sakyti tik gerus žodžius, kad puoselėtume taiką. Patarlių knyga 16, 24 sako: *„Taiklūs žodžiai – kaip medaus korys, saldus gomuriui ir sveikas kūnui."* Geri žodžiai suteikia stiprybės ir drąsos nuliūdusiems. Jie gali tapti puikiais vaistais, atgaivinančiais mirštančias sielas.

Pikti žodžiai, priešingai, sugriauna taiką. Kai Rehabeamas, karaliaus Saliamono sūnus, užėmė sostą, žmonės iš dešimties giminių prašė karaliaus palengvinti jų sunkų darbą. Karalius atsakė: *„Mano tėvas jūsų jungą padarė sunkų, bet aš prie to dar pridėsiu. Mano tėvas plakė jus botagais, o aš plaksiu jus skorpionais"* (Metraščių antra knyga 10, 14). Dėl šių žodžių karalius ir tauta susvetimėjo, prasidėjo maištai ir galiausiai šalis suskilo į dvi dalis.

Liežuvis yra labai mažas žmogaus kūno narys, bet turi didžiulę galią. Jis kaip maža ugnis, kuri nevaldoma gali sukelti didžiulį gaisrą ir atnešti milžinišką žalą. Jokūbo laiške 3, 6 parašyta: *„Ir liežuvis yra ugnis, nedorybės visetas. Liežuvis glūdi tarp mūsų narių, suteršia visą kūną, padega visą gyvenimo ratą, patsai pragaro padegtas."* Patarlių knyga 18, 21 sako: *„Mirtis ir gyvenimas – liežuvio galioje, ir kas su juo sutaria, tas valgys jo vaisius."*

Jeigu kalbame piktai ar priekaištaujame, kupini priešiškumo dėl nuomonių nesutapimo, priešas velnias ir šėtonas turi pagrindą mus kaltinti. Taip pat pasipiktinimo bei priekaištų laikymas ir atviras jų išreiškimas žodžiais bei darbais yra labai skirtingi dalykai. Rašalo buteliuko laikymas kišenėje yra viena, bet jo atidarymas ir rašalo išliejimas visai kas kita. Jeigu išliesite rašalą, jis suteps aplinkinius ir jus pačius.

Kai dirbate Dievo darbą, galite pasiskųsti kitiems, kai kas nors jums nepatinka. Paskui kai kas gali jums pritarti, ir kai nepatenkintųjų daugėja, bažnyčia pavirsta šėtono sinagoga. Ten, kur ramybė drumsčiama, bažnyčia nustoja augusi. Todėl visada turime matyti, girdėti ir kalbėti vien kas gera (Laiškas efeziečiams 4, 29). Turime net neklausyti žodžių, nepagrįstų tiesa ir gerumu.

Išmintingas mąstymas, suprantant kitų požiūrį

Turime žinoti, ką daryti, kai linkime tik gero kitam žmogui, bet šis drumsčia ramybę. Reikia pagalvoti, ar tikrai jis kaltas.

Kartais mes provokuojame kitų pyktį, nesuprasdami to. Jūs galite užgauti kitų jausmus neapgalvotais arba neišmintingais žodžiais. Tokiu atveju, jei toliau galvosite, kad jaučiate ir rodote kitam tik gerumą, neturėsite santaikos su juo ir nesuprasite, kaip turite pakeisti savo elgesį. Jūs turite pasitikrinti, ar esate taikdariai kitų žmonių požiūriu.

Viršininkui gali atrodyti, kad jis puoselėja santaiką, bet jo pavaldiniai gali manyti priešingai. Jie negali išreikšti savo jausmų viršininkui, todėl pasilaiko nuoskaudas viduje.

Korėjiečiai gerai žino vieną pasakojimą apie ministrą pirmininką Hwang Hee iš Chosun dinastijos. Jis pamatė valstietį, ariantį lauką dviem jaučiais. Ministras garsiai paklausė ūkininko: „Katras iš dviejų jaučių geriau dirba?" Netikėtai valstietis paėmė ministrą už rankos, nusivedė atokiau ir sušnibždėjo į ausį: „Juodasis kartais patingi, bet tas gelsvasis visada labai stengiasi." Hwang Hee nusišypsojo ir paklausė: „Kodėl atsivedei mane čia ir šnibždi į ausį, kalbėdamas apie jaučius?" Valstietis atsakė: „Net gyvuliams nepatinka, kai kas nors apie juos blogai kalba." Žmonės sako, kad taip Hwang Hee suprato savo neapdairumą.

Kas būtų buvę, jei jaučiai būtų supratę, ką sakė valstietis? Gelsvasis jautis būtų išpuikęs, o juodasis ėmęs pavydėti ir kenkti geltonajam arba nusivylęs ir tapęs visai nedarbingu.

Ši istorija moko mus būti dėmesingus net gyvūnams, turime būti atsargūs, kad niekam nerodytume šališkumo žodžiais ir veiksmais. Kur šališkumas, ten pavydas ir puikybė. Pavyzdžiui, jeigu jūs giriate arba peikiate tik vieną žmogų kitų akivaizdoje, tai tampa nesantaikos pagrindu. Jūs turite būti atsargūs ir pakankamai išmintingi, kad nesukeltumėte tokių bėdų.

Kai kurie žmonės, patyrę šališkumą bei diskriminaciją iš savo viršininkų ir vėliau patys tapę viršininkais, diskriminuoja kitus ir elgiasi su jais šališkai. Jeigu esame nukentėję nuo panašaus neteisingumo, turime būti labai atsargūs savo klaba ir elgesiu, kad nesukeltume nesantaikos.

Tikroji širdies ramybė

Dar vienas dalykas, kurį turime žinoti, ugdydami ramybę yra tai, kad tikroji ramybė subręsta širdyje. Net nesusitaikiusieji su Dievu ir savimi gali gyventi santaikoje su kitais tam tikru mastu. Daug tikinčiųjų nuolat girdi, kad reikia puoselėti ramybę, suvaldyti blogus jausmus ir nesiginčyti su kitais dėl nuomonių skirtumų. Tačiau išorinių konfliktų nebuvimas nereiškia, kad jie subrandino ramybės vaisių. Dvasios vaisius, nors ir regimas išorėje, subręsta širdies gelmėse.

Pavyzdžiui, jeigu kitas netarnauja jums ar nepripažįsta jūsų, pajuntate nuoskaudą, bet to neparodote. Jūs galvojate: „Turiu būti truputį kantresnis!" ir stengiatės jam tarnauti. Tačiau tas pats vėl pasikartoja.

Tuomet jūs imate kaupti nuoskaudas. Jūs tiesiogiai neišreiškiate savo nuoskaudų, kad nenukentėtų jūsų puikybė, bet pradedate netiesiogiai kritikuoti tą asmenį. Jūs galite kaip nors parodyti, kad jaučiatės persekiojami. Kartais jūs nesuprantate kitų, ir tai neleidžia gyventi santaikoje su jais. Jūs tylite, nes bijote, kad pravėrę burną susikivirčysite. Jūs liaujatės kalbėję su juo ir laikote jį tokiu blogu, kad negalite net kalbėtis su juo.

Taip jūs išoriškai nesukeliate nesantaikos, bet nejaučiate tam žmogui nieko gero. Jūs nesutinkate su jo nuomone ir net nenorite būti netoli jo. Jūs net skundžiatės kitiems jo ydomis ir išliejate savo nepasitenkinimą žodžiais: „Jis tikrai blogas. Kas gali suprasti tokį elgesį! Tačiau aš rodau jam gerumą ir pakenčiu jį." Žinoma, geriau vengti nesantaikos net tokiu būdu negu pradėti tiesioginę konfrontaciją.

Tačiau norėdami turėti tikrąją ramybę turite iš širdies tarnauti kitiems. Turite neužgniaužti nuoskaudų ir nenorėti, kad kiti jums tarnautų. Mums būtinas noras tarnauti kitiems ir ieškoti kitų naudos.

Jūs neturite šypsotis kitam, teisdamas jį savo viduje. Būtina suprasti kitų požiūrį. Tik tuomet Šventoji Dvasia ims veikti. Net jei kiti siekia savo naudos, jų širdis bus sujaudinta ir pasikeis. Visi žmonės turi trūkumų ir visi pripažins savo kaltę. Tik taip visi tikrai susitaiko ir gali dalinasi savo širdimi.

Palaiminimai taikdariams

Gyvenantieji taikoje su Dievu, savimi ir visais žmonėmis turi galią išsklaidyti tamsą. Juos lydi taika ir ramybė. Kaip parašyta Evangelijoje pagal Matą 5, 9: *„Palaiminti taikdariai; jie bus vadinami Dievo vaikais,"* jie turi Dievo vaikų galią, šviesos galią.

Pavyzdžiui, jeigu jūs esate bažnyčios vyresnysis, galite padėti tikintiesiems brandinti ramybės vaisių. Galite skelbti jiems tiesos žodį su galia, kad jie paliktų savo nuodėmes, teisuoliškumą ir mąstymo šablonus. Ten, kur žmonės susvetimėjo, jūs galite sugriauti šėtono sinagogą savo žodžio galia. Tai jūs atnešite santaiką skirtingiems žmonėms.

Evangelijoje pagal Joną 12, 24 parašyta: *"Iš tiesų, iš tiesų sakau jums: jei kviečio grūdas kritęs į žemę nemirs, jis liks vienas, o jei mirs, jis duos gausių vaisių."* Jėzus paaukojo save, numirė kaip grūdas kritęs į žemę ir atnešė nesuskaičiuojamą gausybę vaisių. Jis atleido nuodėmes žūstančioms sieloms ir atvedė jas į taiką su Dievu. Pats Viešpats tapo karalių Karaliumi ir viešpačių Viešpačiu, apvainikuotas garbe ir šlove.

Mes atnešame gausų derlių tik tuomet, kai paaukojame save. Dievas Tėvas nori, kad Jo mylimi vaikai aukotųsi, „mirtų kaip grūdai kritę į žemę" ir duotų gausių vaisių kaip Jėzus. Evangelijoje pagal Joną 15, 8 Jėzus sako: *"Tuo bus pašlovintas mano Tėvas, kad jūs duosite gausių vaisių ir būsite mano mokiniai."* Kaip minėjau, pakluskime Šventosios Dvasios troškimams, kad subrandintume ramybės vaisių ir atvestume daugybę sielų į išganymo kelią.

Laiške hebrajams 12, 14 parašyta: *"Siekite santaikos su visais, siekite šventumo, be kurio niekas neregės Viešpaties."* Net jeigu esate absoliučiai teisūs, bet kiti greta jūsų jaučiasi nesmagiai ir jus supa konfliktai, tai nepatinka Dievui, todėl turite pažvelgti į save. Tuomet jūs tapsite šventais žmonėmis, neturinčiais jokio pikto ir regėsiančiais Viešpatį. Taip elgdamiesi jūs džiaugsitės dvasiniu autoritetu šioje žemėje, būsite vadinami Dievo vaikais ir užimsite garbingą padėtį danguje, kur visą laiką regėsite Viešpatį.

Jokūbo laiškas 1, 4

„O ištvermė tesubręsta darbu, kad jūs taptumėte tobuli, subrendę ir nieko nestokojantys."

Tokiems dalykams nėra įstatymo

5 skyrius

Kantrybė

Kantrybė, nereikalaujanti kantrumo
Kantrybės vaisius
Tikėjimo tėvų kantrybė
Kantrybė veda į dangaus karalystę

Kantrybė

Labai dažnai atrodo, kad laimė gyvenime priklauso nuo kantrybės. Santykiuose tarp tėvų ir vaikų, vyrų ir žmonų, giminaičių ir draugų padarome tai, dėl ko paskui labai gailimės, nes mums trūksta kantrybės. Sėkmė moksle, darbe ir versle taip pat dažnai priklauso nuo kantrybės. Ji labai svarbi mūsų gyvenime.

Dvasinė kantrybė ir tai, ką netikintieji laiko kantrybe, iš esmė skiriasi. Žmonės šiame pasaulyje kantriai ištveria sunkumus, bet tai kūniška kantrybė. Turėdami nuoskaudų jie labai kenčia, stengdamiesi jas užgniaužti. Jie sukanda dantis, ir kartais net praranda apetitą. Galiausiai tai atveda į nervų sutrikimą ar depresiją, bet pasaulis vis tiek sako, kad žmonės, užgniaužiantys savo jausmus, turi daug kantrybės. Tačiau tai visai ne dvasinė kantrybė.

Kantrybė, nereikalaujanti kantrumo

Dvasinė kantrybė yra ne pykčio užgniaužimas, jos šaltinis yra gerumas. Jeigu jūsų kantrybė įkvėpta gerumo, jūs įveikiate sunkumus su dėkojimu ir viltimi. Ši kantrybė praplečia mūsų širdį. Kai jūs kantriai užgniaužiate pyktį, priešingai, nuoskaudos kaupiasi jumyse, ir jūsų širdis užkietėja.

Tarkime, kas nors keikia jus ir užgaulioja be priežasties. Jūsų savigarba kenčia, pasijuntate persekiojami, bet jūs viską užgniaužiate manydami, kad pagal Dievo žodį turite būti kantrūs. Tačiau paraudęs veidas, padažnėjęs kvėpavimas ir kietai sučiauptos lūpos išduoda slepiamą pasipiktinimą. Jeigu taip gniaušite savo jausmus, anksčiau ar vėliau jie išsiverš, ir bus dar blogiau. Tai tikrai ne dvasinė kantrybė.

Jeigu jūs turite dvasinę kantrybę, niekas negali įaudrinti jūsų širdies. Net kai jus neteisingai kaltina, jūs gerai galvojate apie savo kaltintojus, ramiai manydami, kad tai kažkoks nesusipratimas. Kai turite tokią širdį, jums nereikia nieko ištverti ir niekam atleisti. Pateiksiu paprastą pavyzdį.

Šaltą žiemos naktį viename name degė šviesa. Ten karščiavo mažas vaikelis, temperatūra jam pakildavo iki 40 °C. Kūdikio tėvas pamirkė savo marškinėlius šaltame vandenyje ir apsivilkęs juos prisiglaudė vaiką. Šaltis išgąsdino sergantį mažylį ir jam nepatiko, bet ji nurimo tėvo rankose ir ištvėrė šaltų marškinėlių prisilietimą.

Kai marškinėliai sušilo, tėvas vėl pamirkė juos šaltame vandenyje. Jis darė tai daug kartų iki pat ryto, bet visai neatrodė pavargęs. Jis meiliai žiūrėjo į savo vaikelį, miegantį jo glėbyje.

Jis nesijautė išalkęs ar pavargęs ir negalvojo apie savo poilsį, nors nemiegojo visą naktį. Visas jo dėmesys buvo nukreiptas į vaiką, kad ligoniukas jaustųsi geriau ir patogiau. Kai vaikelis pasveiko, tėvas nebeprisiminė jokių savo vargų. kai mes mylime ką nors, automatiškai ištveriame sunkumus ir vargus, visai neturėdami būti kantrūs. Tai dvasinės kantrybės esmė.

Kantrybės vaisius

Pirmo laiško korintiečiams 13-ame skyriuje, vadinamame „Meilės skyriumi", parašyta, kad meilė yra kantri, nes kantrybė ugdo meilę. Pavyzdžiui, ten pasakyta, kad meilė neieško sau naudos. Atsisakydami savo norų ir ieškodami kitiems naudos susiduriame su situacijomis, kurios reikalauja kantrybės. „Meilės skyriaus" kantrybė ugdo meilę.

Tačiau kantrybė, kuri yra vienas iš Šventosios Dvasios vaisių, apima viską. Ši kantrybė yra aukštesnio laipsnio už dvasinės meilės kantrumą. Siekdami Dievo karalystės ar asmeninio šventėjimo tikslų susiduriame su sunkumais. Stengdamiesi juos įveikti galime išeikvoti visą savo energiją, tačiau su tikėjimu, meile ir kantrybe galime viską išverti, nes tikimės subrandinti vaisių. Ši kantrybė yra vienas iš Šventosios Dvasios vaisių. Dvasinė kantrybė turi tris aspektus.

Pirma, kantrybė keičia mūsų širdį.

Kuo daugiau pikto turime širdyje, tuo mums sunkiau būti kantriems. Jeigu turime daug pykčio, puikybės, godumo, teisuoliškumo ir mąstymo šablonų, mes labai supykstame ir įsižeidžiame dėl smulkmenų.

Vieno mūsų bažnyčios nario pajamos siekė apie 15 000 JAV dolerių per mėnesį, bet vieną mėnesį jis uždirbo gerokai mažiau ir pradėjo piktai priekaištauti Dievui. Vėliau jis prisipažino, kad buvo nedėkingas už turimą prabangą, ir jo širdis buvo godumo užvaldyta.

Turime būti dėkingi už viską, ką Dievas mums davė, net jei nedaug uždirbame. Tuomet godumas neaugs mūsų širdyje, ir mes galėsime priimti palaiminimus iš Dievo.

Kai mes atmetame pikta ir šventėjame, tampa vis lengviau būti kantriems. Mes ramiai pakeliame net sunkias situacijas. Mes tiesiog suprantame kitus, atleidžiame jiems ir mums nereikia nieko užgniaužti.

Evangelijoje pagal Luką 8, 15 parašyta: „*Nukritusi į gerą žemę sėkla – tai tie, kurie klauso žodžio, išsaugo jį taurioje ir geroje širdyje ir duoda vaisių kantrumu."* Kitaip sakant, turintieji gerą širdį yra kaip gera žemė, jie kantriai laukia, kol geri vaisiai užaugs ir subręs. Tačiau mums vis tiek reikia ištvermės ir pastangų, kad paverstume savo širdį gera dirva. Šventumas nepasiekiamas automatiškai, nepakanka noro tapti šventuoju arba šventąja. Mes turime paklusti tiesai, melsdamiesi iš visos širdies ir pasninkaudami. Turime mesti tai, kas anksčiau mums patiko, jeigu tai dvasiškai nenaudinga. Neturime sustoti pusiaukelėje arba nebesistengti, pamėginę kelis kartus. Kol nepasieksime tobulo šventumo ir užsibrėžto tikslo, turime iš visų jėgų stengtis gyventi pagal Dievo žodį.

Galutinis mūsų tikėjimo kelionės tikslas yra dangaus karalystė ir nuostabiausia jos buveinė Naujoji Jeruzalė. Turime nepasiduoti ir išsiugdyti kantrybę, kol pasieksime kelionės tikslą.

Tačiau kartais būna, kad tikinčiųjų širdžių šventėjimas sulėtėja, nors jie ištikimai gyvena krikščionišką gyvenimą.

Jie greitai atmeta „kūno darbus", nes jie yra regimos nuodėmės. Tačiau „kūno reikalai", kurių niekas nemato, stabdo tų krikščionių dvasinį augimą. Atradę netiesą savyje jie karštai meldžiasi, kad atsikratytų jos, bet po kelių dienų pamiršta apie tai. Jeigu jūs norite atsikratyti piktžolių, turite ne nuskinti jos lapus, bet išrauti ją su šaknimis. Tas pats principas galioja ir mūsų nuodėmingai prigimčiai. Jūs turite melstis ir keisti savo širdį iki galo, kol su šaknimis išrausite savo nuodėmingą prigimtį.

Kai tik įtikėjau, meldžiausi, kas atsikratyčiau tam tikrų

nuodėmių, nes skaitydamas Bibliją supratau, kad Dievas labai nekenčia nuodėmingų būdo bruožų: neapykantos, pykčio, puikybės ir kitų. Kol atkakliai laikiausi savo nuomonės, negalėjau išrauti neapykantos ir nuoskaudų iš savo širdies, bet maldoje Dievas suteikė man malonę suprasti kitų požiūrį. Tuomet visos mano nuoskaudos ir neapykanta greitai išgaravo.

Aš išmokau būti kantrus, atsikratydamas pykčio. Kai mane neteisingai apkaltindavo, imdavau mintyse skaičiuoti: „vienas, du, trys, keturi..." ir sulaikydavau žodžius, kuriuos norėdavosi pasakyti. Iš pradžių būdavo sunku suvaldyti savo pyktį, bet atkakliai stengiantis pyktis ir susierzinimas palaipsniui išnyko. Galiausiai pyktį provokuojančiose situacijose man nebekildavo jokių piktų minčių.

Manau, man prireikė trejų metų, kad atsikratyčiau puikybės. Kai buvau naujatikis, net nežinojau, kas yra ta puikybė, bet meldžiausi, kad Dievas išrautų ją iš manęs. Vis meldžiausi ir reguliariai ištirdavau save. Paskui pastebėjau, kad ėmiau gerbti žmones, kurie daugeliu atžvilgiu atrodė žemesni už mane. Vėliau pasitarnavau savo bičiuliams pastoriams, patyrusiems ir naujai įšventintiems, turėjusiems tokių pat sunkumų. Kantriai meldžiausi trejus metus ir supratau, kad nebeturiu savyje jokių puikybės pėdsakų. Nuo to laiko man nebereikia melstis dėl puikybės atmetimo.

Jeigu neišrausite kokios nors nuodėmės su šaknimis, ji atgis, patekus į ekstremalią padėtį. Jūs galite nusivilti supratę, kad jūsų širdyje gyvuoja nuodėmė, kurią buvote atmetę, ir nusiminti galvodami: „Aš taip stengiausi ją atmesti, bet ji tebegyvuoja manyje."

Galite rasti įvairių netiesos pavidalų savyje, kol su šaknimis išrausite savo nuodėmingą prigimtį, bet tai nereiškia, kad nedarėte dvasinės pažangos. Kai lupi svogūną, randi daugybę jo sluoksnių vieną po kito, bet jei nesiliauji juos lupęs, galiausiai svogūnas išnyksta. Tas pats ir su mūsų nuodėmingos prigimties savybėmis. Nenusiminkite, jei dar ne visomis ydomis atsikratėte. Pasisemkite kantrybės ir stenkitės iki galo, laukdami savo pasikeitimo.

Kai kurie žmonės nusivilia, jeigu iš karto negauna materialinių palaiminimų, kai pasielgia pagal Dievo žodį. Jie ima galvoti, kad nieko nesulauks mainais, išskyrus nuostolius, darydami gerus darbus. Kiti net skundžiasi, kad negauna jokių palaiminimų už tai, kad uoliai lanko bažnyčią. Žinoma, jie neturi pagrindo skųstis. Mes negauname Dievo palaiminimų tik todėl, kad negyvename tiesoje ir neatmetame to, ką Dievas liepė atmesti.

Toks tikinčiųjų skundimasis rodo, kad jų tikėjimas nukrypo nuo tiesos kelio. Jūs nepavargstate, jeigu vadovaujatės gerumu ir tiesa su tikėjimu. Kuo daugiau gero darote, tuo laimingesni darotės ir norite padaryti dar daugiau gero. Kai tapsite pašventinti tikėjimu, jūsų sielai seksis, kaip ir viskas, ką darysite, ir jūs būsite sveiki.

Antra, kantrybė ugdo santykius su žmonėmis.

Bendraudami su skirtingų charakterių ir nevienodo išsilavinimo žmonėmis galite patekti į keblias situacijas. Bažnyčioje susitinka daug ypač skirtingos socialinės kilmės žmonių. Jų pažiūros labai įvairios, pradedant nuo smulkmenų ir baigiant svarbiais bei rimtais klausimais, todėl tarp jų gali greitai prasidėti nesantaika.

Dažnai žmonės ima galvoti: „Jis mąsto visiškai kitaip negu aš.

Man labai sunku dirbti su juo, nes mūsų charakteriai visiškai nesutampa." Tačiau ar dažnai vyro ir žmonos charakteriai tobulai sutampa? Jų įpročiai ir skoniai yra skirtingi, bet jie pasiduoda vienas kitam ir stengiasi neieškoti sau naudos.

Kas siekia šventumo, tas bus kantrus bet kokiose aplinkybėse su bet kokiu žmogumi ir puoselės santaiką. Net sunkiose ir nepatogiose situacijose jis stengsis prisitaikyti prie kitų, visada geranoriškai juos supras ir viską ištvers ieškodamas naudos kitiems. Net kitiems elgiantis piktai, jis supras juos. Jis atsilygins už pikta gerumu, bet ne piktu.

Taip pat turime turėti kantrybės evangelizuodami žmones ir patardami jiems ar mokydami bažnyčios darbuotojus darbuotis Dievo karalystei. Būdamas pastoriumi sutikau žmonių, kurie keitėsi labai lėtai. Kai jie susidraugaudavo su pasauliu ir neatnešdavo garbės Dievui, aš praliedavau daug ašarų už juos, bet niekada nenumojau į juos ranka. Visada supratau juos, ir tikėjausi, kad jie kada nors pasikeis.

Kai auginau bažnyčios darbuotojus, man prireikė daug kantrybės. Negalėjau tik įsakinėti arba priversti juos daryti tai, ko norėjau. Nors žinojau, kad darbai bus atlikti lėčiau, negalėjau atimti pareigų iš savo darbuotojų ir pasakyti: „Jūs nepakankamai gabūs, todėl aš jus atleidžiu." Aš pakenčiau juos ir mokiau, kol jie tapo gerais darbuotojais. Laukiau penkerius, dešimt ar penkiolika metų, kol jie per dvasinį ugdymą įgijo sugebėjimus atlikti savo pareigas.

Ne tik kai jie nedavė vaisių, bet ir pasielgdavo blogai, viską ištvėriau kartu, kad jie nesukluptų. Būtų buvę lengviau, jeigu kvalifikuotesnis darbuotojas būtų atlikęs tą darbą, arba pakeisti juos gabesniais žmonėmis, bet aš likau ištikimas savo darbuotojams iki galo dėl kiekvieno iš jų sielos, kad atneštume kuo daugiau garbės Dievo karalystei.

Jei sėjate kantrybės sėklą šiuo būdu, jūs tikrai atnešite vaisių pagal Dievo teisingumą. Pavyzdžiui, jeigu jūs kantriai laukiate, kol sielos pasikeis, melsdamiesi už jas su ašaromis, įgysite plačią širdį, kurioje tilps visi. Taip jūs įgysite galią atgaivinti daug sielų. Jūs turėsite galią pakeisti sielas, esančias jūsų širdyje, per teisiojo maldą. Taip pat, jeigu suvaldote savo širdį ir sėjate kantrybės sėklą, kai jus neteisingai kaltina, Dievas apipils jus palaiminimais.

Trečia, kantrybė ugdo santykius su Dievu.

Mums reikia kantrybės, kol sulaukiame atsakymų į savo maldas. Evangelijoje pagal Morkų 11, 24 Jėzus sako: *"Todėl sakau jums: ko tik melsdamiesi prašote, tikėkite gausią, ir tikrai taip bus."* Mes tikime visais žodžiais, užrašytais šešiasdešimt šešiose Biblijos knygose, jeigu turime tikėjimą. Dievas pažadėjo, kad gausime, ko tik prašome, todėl malda viską gali.

Žinoma, tai nereiškia, kad galime tik melstis ir nieko nedaryti. Mes turime vykdyti Dievo žodį, kad mūsų maldos būtų išklausytos. Pavyzdžiui, vidutinius pažymius gaunantis mokinys meldžiasi, kad taptų pirmūnu, bet svajoja per pamokas ir nesimoko. Ar jis taps geriausiu klasės mokiniu? Jis turi daug mokytis melsdamasis, kad Dievas jam padėtų tapti pirmūnu.

Tas pats tinka ir verslui. Galite karštai melstis, kad verslas klestėtų, bet jūsų tikslas tėra naujas namas, investicijos į nekilnojamąjį turtą ir prabangus automobilis. Ar jūs gausite atsakymą į savo maldas? Žinoma, Dievas nori, kad Jo vaikai gyventų nieko nestokodami, bet Jam negali patikti prašymai patenkinti kieno nors godumą. Tačiau jeigu jūs norite materialinių palaiminimų, kad padėtumėte stokojantiems ir remtumėte misionierišką veiklą bei dirbate sąžiningai, nedarydami nieko neteisėto, Dievas tikrai ves jus palaiminimų keliu.

Biblijoje yra daug pažadų, kad Dievas atsakys į savo vaikų maldas, bet dažnai žmonės negauna atsakymų, nes turi per mažai kantrybės. Žmonės prašo Dievo atsakyti tučtuojau, bet Jis gali neatsakyti iš karto.

Dievas atsako jiems pačiu tinkamiausiu ir geriausiu laiku, nes jis viską žino. Jeigu maldos prašymas didelis ir svarbus, Dievas atsako tik meldžiantis neatlyžtant. Kai pranašas Danielius meldėsi, kad gautų apreiškimą apie dvasinius dalykus, Dievas pasiuntė angelą su atsakymu į maldą iš karto, kai Danielius pradėjo melstis. Tačiau praėjo dvidešimt viena diena, kol Danielius susitiko su angelu. Visas dvidešimt vieną dieną Danielius neatlyždamas meldėsi iš visos širdies kaip tik pradėję melstis. Jeigu mes tikrai tikime, kad jau gavome atsakymą, mums nesunku jo laukti. Mes galvojame tik apie džiaugsmą, kurį patirsime, sulaukę savo problemos sprendimo.

Kai kurie tikintieji nesulaukia, kol gaus tai, ko maldoje prašo Dievo. Jie greiti melstis ir prašyti, jeigu atsakymas pakankamai greitai neateina, jie į viską numoja ranka manydami, kad Dievas jiems neatsakys.

Jeigu mes tikrai tikėjome ir meldėmės, neturime nusiminti ir pasiduoti. Mes nežinome, kada ateis atsakymas: rytoj, šį vakarą, po kitos maldos ar po metų. Dievas žino idealų laiką, kada mums atsakyti.

Jokūbo laiškas 1, 6-8 sako: *"Teprašo tikėdamas, nė kiek*

neabejodamas, nes abejojantis žmogus panašus į jūros bangas, varinėjamas ir blaškomas vėjo. Toksai žmogus tegul nemano ką nors gausiąs iš Viešpaties – toks dvilypis, visuose savo keliuose nepastovus žmogus."
Vienintelis svarbus dalykas, maldoje prašant ko nors Dievo, yra mūsų tikėjimo tvirtumas. Jeigu tikrai tikime, kad jau gavome atsakymą į maldą, mes esame laimingi ir džiaugiamės bet kokiose aplinkybėse. Jeigu turime tikėjimą priimti atsakymą, mes meldžiamės ir elgiamės su tikėjimu, kol maldos vaisius atsiduria mūsų rankose. Be to, kai mums tenka kęsti širdies skausmus ir persekiojimus, dirbat Dievo darbą, mes atnešame gerų vaisių tik per kantrybę.

Tikėjimo tėvų kantrybė

Bėgant maratoną, būna labai sunkių akimirkų, ir džiaugsmas, įveikus tokį atstumą ir ištvėrus visus sunkumus, yra toks didžiulis, kad jį gali suprasti tik tas, kas dalyvavo maratono lenktynėse ir jį patyrė. Dievo vaikai, bėgantys tikėjimo lenktynėse, taip pat retkarčiais susiduria su sunkumais, bet įveikia visas kliūtis, žiūrėdami į Jėzų Kristų. Dievas suteikia jiems savo malonės bei stiprybės, ir Šventoji Dvasia padeda jiems.
Laiške hebrajams 12, 1-2 parašyta: *„Todėl ir mes, šitokio debesies liudytojų apsupti, nusimeskime visas naštas bei nuodėmės pinkles ir ištvermingai bėkime mums paskirtose lenktynėse, žiūrėdami į savo tikėjimo vadovą ir ištobulintoją Jėzų. Jis vietoj sau priderančių džiaugsmų, nepaisydamas gėdos, iškentėjo kryžių ir atsisėdo Dievo sosto dešinėje."*

Jėzus iškentėjo daug paniekos ir patyčių iš savo kūrinių, kol atliko viską, kas buvo numatyta išganymo plane. Jis žinojo, kad atsisės Dievo sosto dešinėje ir sutriks išganymą žmonijai, ir ištvėrė kančias iki galo, nieko nepaisydamas ir negalvodamas apie gėdą. Galiausiai Jis numirė ant kryžiaus, prisiėmęs žmonijos nuodėmes, bet trečią dieną prisikėlė ir atvėrė išganymo kelią. Dievas paskyrė Jėzų karalių Karaliumi ir viešpačių Viešpačiu, nes Jis buvo paklusnus iki mirties su meile ir tikėjimu.

Jokūbas buvo Abraomo anūkas ir tapo Izraelio tautos tėvu. Jis buvo atkaklios širdies. Jis apgaule išviliojo pirmagimio teisę iš savo brolio Ezavo ir pabėgo į Haraną. Jokūbas gavo Dievo pažadą Betelyje.

Pradžios knygoje 28, 13-15 parašyta: *„Žemę, ant kurios guli, duosiu tau ir tavo palikuonims. Tavo palikuonys bus tokie gausūs kaip žemės dulkės, tu išsiplėsi į vakarus ir rytus, į šiaurę ir pietus. Visos žemės gentys per tave ir tavo palikuonis ras palaiminimą. Būk tikras, aš esu su tavimi! Globosiu tave, kad ir kur eitum, ir sugrąžinsiu tave į šią žemę. Niekada tavęs nepaliksiu, kol neįvykdysiu, ką tau pažadėjau."* Jokūbas ištvėrė dvidešimt metų išbandymų, kol pagaliau tapo visų izraelitų tėvu.

Juozapas buvo vienuoliktas Jokūbo sūnus, labiausiai mylimas iš visų sūnų. Vieną dieną jo broliai pardavė jį į Egipto vergiją. Jis tapo vergu užsienio šalyje, bet nenusiminė. Jis stengėsi gerai dirbti ir buvo šeimininko pripažintas už savo ištikimybę. Juozapas buvo paaukštintas ir rūpinosi visais šeimininko ūkiniais reikalais, bet paskui neteisingai apkaltintas atsidūrė kalėjime. Jis patyrė vieną išbandymą po kito.

Žinoma, tai buvo ugdymo procesas, per visus šiuos išbandymu Dievas iš savo malonės ruošė Juozapą tapti Egipto ministru pirmininku, bet niekas, išskyrus Dievą, to nežinojo. Tačiau Juozapas nenusiminė net kalėjime, nes turėjo tikėjimą ir tikėjo Dievo pažadu, duotu jam vaikystėje. Jis tikėjo, kad Dievas išpildys jo sapną, kuriame saulė, mėnulis ir vienuolika žvaigždžių nusilenkė jam, ir nesvyravo jokiose aplinkybėse. Jis visiškai pasikliovė Dievu, ištvėrė visus sunkumus ir ėjo teisingu keliu pagal Dievo žodį. Jis turėjo tikrą tikėjimą.

Kaip jūs jaustumėtės, atsidūrę jo vietoje? Ar galite įsivaizduoti, kaip jis jautėsi, praėjus trylikai metų nuo tos dienos, kai jis buvo parduotas į vergiją? Jūs turbūt labai daug melstumėtės, prašydami Dievo išvaduoti jus iš sunkios padėties. Tikriausiai ištirtumėte save ir atgailautumėte už viską, ką tik prisimintumėte, kad gautumėte atsakymą iš Dievo. Jūs nuoširdžiai maldautumėte Dievo malonės, liedami graudžias ašaras. Ir nesulauktumėte jokio atsakymo ištisus metus, dvejus ir net dešimt metų. Priešingai, jūsų padėtis tik pasunkėtų. Kaip jūs jaustumėtės?

Būdamas pačiame jėgų žydėjime Juozapas kelerius metus praleido už grotų ir matydamas, kaip beprasmiškai slenka jo dienos, galėjo pasijausti labai nelaimingas, jeigu nebūtų turėjęs tikro tikėjimo. Jeigu jis būtų galvojęs apie gerą gyvenimą tėvo namuose, būtų jautęsis dar nelaimingesnis. Tačiau Juozapas visada pasitikėjo Dievu, kuris jį mato, ir tvirtai tikėjo Dievo meile žinodamas, kad Jis duoda kas geriausia tinkamu laiku. Juozapas niekada neprarado vilties, net sunkiausiuose išbandymuose, ir kupinas gerumo ir kantrybės buvo ištikimas Dievui, kol jo sapnas pagaliau išsipildė.

Dovydas taip pat buvo Dievo pripažintas vyru pagal Jo širdį, bet net pateptas karaliumi patyrė labai daug išbandymų, įskaitant persekiojimą, patirtą iš karaliaus Sauliaus. Jam daug kartų grėsė mirtis. Tačiau su tikėjimu ištvėręs visus šiuos sunkumus, jis tapo didžiu karaliumi, galėjusiu valdyti visą Izraelį.

Jokūbo laiškas 1, 3-4 sako: *"Supraskite: jūsų tikėjimo išmėginimas gimdo ištvermę, o ištvermė tesubręsta darbu, kad jūs taptumėte tobuli, subrendę ir nieko nestokojantys."* Raginu jus išsiugdyti tobulą kantrybę. Dvasinė kantrybė padidins jūsų tikėjimą, praplės ir pagilins širdį, padarys ją brandesnę. Jūs patirsite palaiminimus ir gausite atsakymus iš Dievo, kuriuos jis pažadėjo subrandinusiems tobulą kantrybę (Laiškas hebrajams 10, 36).

Kantrybė veda į dangaus karalystę

Mums reikia kantrybės, kad įeitume į dangaus karalystę. Kai kurie žmonės sako, kad džiaugsis pasauliu, kol jauni, ir pradės lankyti bažnyčią, kai pasens. Kiti uoliai stengiasi gyventi tikėjimu, laukdami Viešpaties atėjimo, bet paskui praranda kantrybę ir pakeičia savo nuomonę. Kadangi Viešpats neatėjo taip greitai, kaip jie tikėjosi, jiems ima atrodyti, kad per sunku toliau ugdyti savo tikėjimą. Jie sako, kad turi pailsėti nuo širdies apipjaustymo ir Dievo darbo, o kai pamatys Viešpaties atėjimo ženklus, jie vėl pradės uoliai Jam tarnauti.

Bet niekas nežino, kada Dievas pasišauks mūsų dvasią arba kada Viešpats sugrįš. Net jeigu iš anksto žinotume tą laiką, mes negalime turėti tikėjimo, kiek užsimanome. Vien panorėję žmonės negali turėti dvasinio tikėjimo, būtino išganymui. Tik Dievo malonė suteikia jį. Priešas velnias ir šėtonas neleis jiems taip lengvai pasukti išganymo keliu ir geruoju nepaleis iš savo nagų. Jeigu jūs turite viltį patekti į Naująją Jeruzalę danguje, viską darote su kantrybe.

Psalmyne 126, 5-6 parašyta: *„Kas sėja ašarodamas, tas nuiminės derlių džiūgaudamas. Nors žmogus išeitų verkdamas, sėkla sėjai nešinas, jis sugrįš namo džiūgaudamas, derliaus pėdais nešinas."* Mes tikrai turime įdėti daug pastangų, pralieti ašarų ir liūdėti, kai sėjame ir prižiūrime sėklas. Kartais nebūna lietaus arba per daug lyja, ateina uraganai, niokojantys pasėlius. Bet pabaigoje mes tikrai džiaugsimės gausiu derliumi pagal teisingumo dėsnius.

Dievui tūkstantis metų atrodo kaip viena diena, kai jis laukia savo ištikimų vaikų, ištvėręs baisų skausmą, kai atidavė savo vienatinį Sūnų mirčiai už mus. Mūsų Viešpats ir Išganytojas iškentėjo kryžiaus kančias, ir Šventoji Dvasia užtaria mus neišsakomais atodūsiais mūsų ugdymo šioje žemėje metu. Tikiuosi, kad išsiugdysite tobulą dvasinę kantrybę, prisimindami Dievo meilę, ir sulauksite gausių palaiminimo vaisių šioje žemėje ir danguje.

Evangelija pagal Luką 6, 36

"Būkite gailestingi,

kaip ir jūsų Tėvas gailestingas."

Tokiems dalykams nėra įstatymo.

6 skyrius

Malonumas

Malonumo vaisius padeda suprasti kitus ir atleisti jiems
Reikia būti panašiems į Viešpatį širdimi ir darbais
Išankstinio nusistatymo atmetimas ugdo malonų būdą
Gailestingumas patiriantiems sunkumus
Neskubėkite rodyti žmonių ydų
Būkite dosnūs visiems
Gerbkite kitus

Malonumas

Kartais žmonės sako, kad negali suprasti kokio nors žmogaus, nors ir labai stengėsi suprasti, arba stengėsi kam nors atleisti, bet niekaip negali to padaryti. Tačiau, kai subrandinsime malonumo vaisių savo širdyje, nebeliks nė vieno žmogaus, kurio negalėtume suprasti ar kuriam negalėtume atleisti. Mes maloningai suprasime ir priimsime su meile bet kokį žmogų. Nebesakysime, kad vienas žmogus mums patinka dėl tam tikros priežasties, o kitas nepatinka dėl kitos priežasties. Mes niekam nejausime antipatijos ir neapykantos. Neturėsime nuoskaudų ir blogų santykių su niekuo, nė vieno nelaikysime priešu.

Malonumo vaisius padeda suprasti kitus ir atleisti jiems

Malonumas yra savybė reiškianti malonų elgesį, geraširdiškumą. Tačiau dvasinė malonumo prasmė yra artimesnė gailestingumui, o dvasinis gailestingumas reiškia gebėjimą suprasti tiesoje net tuos, kurių žmonės niekaip negali suprasti. Taip pat tai reiškia turėti širdį, galinčią atleisti tiesoje net tiems, kam žmonės negali atleisti. Turėdamas gailestingą širdį Dievas rodo gailestingumą žmonijai.

Psalmyne 130, 3 parašyta: *„Jei tu, VIEŠPATIE, paisysi nuodėmių, tai kas, Viešpatie, išliks gyvas?"* Jeigu Dievas nerodytų gailestingumo ir teistų mus, vadovaudamasis teisingumu, niekas neišliktų gyvas. Bet Dievas suteikė atleido žmonėms nuodėmes ir priėmė net tuos, kuriems negalima atleisti ir kurių negalima priimti, griežtai laikantis teisingumo. Be to, Dievas atidavė savo vienintelio Sūnaus gyvybę, kad išgelbėtų žmones iš amžinosios mirties. Mes tampame išganytais Dievo vaikais, tikėdami į Viešpatį Jėzų Kristų, ir mūsų Viešpats nori, kad išsiugdytume gailestingą širdį. Todėl Dievas sako Evangelijoje pagal Luką 6, 36: *„Būkite gailestingi, kaip ir jūsų Tėvas gailestingas."*

Šis gailestingumas panašus į meilę, bet turi ir skirtumų. Dvasinė meilė įgalina pasiaukoti už kitus be jokio atlygio, tuo tarpu gailestingumas labiau pasižymi atleidimu ir priėmimu. Kitaip tariant, tai gebėjimas priimti viską žmoguje, suprasti jį ir nejausti jam neapykantos, net jeigu jis visai nevertas meilės. Gailestingas žmogus nesupyks ir neims vengti kito dėl kitokių pažiūrų, bet paguos ir sustiprins jį. Jeigu turite šiltą širdį ir priimate kitus, jūs neviešinate jų ydų ir nusižengimų, bet pridengiate ir priimate juos, kad išsaugotumėte draugiškus santykius.

Vienas įvykis labai aiškiai parodė, kokia yra gailestinga širdis. Vieną kartą Jėzus visą naktį meldėsi Alyvų kalne ir auštant atėjo į šventyklą. Daug žmonių susirinko prie Jo, o Jis atsisėdęs juos mokė Dievo žodžio, kai netikėtai pakilo sambrūzdis. Rašto aiškintojai ir fariziejai prasibrovė pro minią ir atvedė vieną moterį prie Jėzaus. Ji drebėjo iš baimės.

Jie pasakė Jėzui, kad ši moteris buvo nutverta svetimaujant, ir paklausė, kaip Jis su ja pasielgtų, nes Įstatymas liepia tokias užmušti akmenimis. Jeigu Jėzus būtų liepęs užmuši ją, tai prieštarautų Jo mokymui mylėti savo priešus. Bet jeigu Jis pasakytų atleisti jai, sulaužytų Įstatymą. Atrodė, kad Jėzus buvo įstumtas į labai kebllią padėtį, tačiau Jis kažką rašė ant žemės ir ištarė gerai žinomus žodžius, užrašytus Evangelijoje pagal Joną 8, 7: *„Kas iš jūsų be nuodėmės, tegu pirmas sviedžia į ją akmenį."* Žmonių sąžinė prabilo, ir jie pasišalino vienas po kito. Galiausiai ten liko tik Jėzus ir moteris.

Evangelijoje pagal Joną 8, 11 Jėzus jai sako: *"Nė aš tavęs nepasmerksiu. Eik ir daugiau nuodėmių nebedaryk."* Žodžiai *"Nė aš tavęs nepasmerksiu"* reiškia, kad Jis atleido jai. Jėzus atleido moteriai, kuriai buvo negalima atleisti, ir suteikė jai galimybę nusigręžti nuo savo nuodėmių. Jo širdis gailestinga.

Reikia būti panašiems į Viešpatį širdimi ir darbais

Gailestingumas reiškia gebėjimą tikrai atleisti ir mylėti net priešus. Mes turime priimti visus ir rūpintis kiekvienu taip, kaip motina rūpinasi savo naujagimiu. Net kai žmonės labai nusikaltę ir yra padarę sunkių nuodėmių, mes turime rodyti jiems gailestingumą, užuot teisę ir smerkę juos. Turime nekęsti nuodėmių, bet ne nusidėjėlio; mes suprasime tą žmogų ir stengsimės leisti jam gyventi.

Tarkime, koks nors vaikas yra paliegęs ir dažnai serga. Ką motina jaučia tokiam savo vaikui? Ji neklausia, kodėl jis toks gimė ir pridarė jai tiek sunkumų. Motina nepyksta ant savo pasiligojusio vaiko ir rodo jam daugiau meilės bei užuojautos negu savo sveikiems vaikams.

Viena motina turėjo sūnų su proto negalia. Kai jam sukako dvidešimt, jo protas buvo kaip dvejų metų vaiko, ir motina negalėjo nuleisti akių nuo jo. Tačiau ji niekada negalvojo, kad jai sunku rūpintis savo sūnumi. Ji jautė gailestį ir užuojautą savo sūnui, rūpindamasi juo. Jeigu mes subrandinsime tobulo gailestingumo vaisių, būsime gailestingi ne tik savo vaikams, bet ir kiekvienam žmogui.

Jėzus skelbė dangaus karalystės evangeliją savo viešosios tarnystės metu. Dauguma Jo klausytojų buvo ne turtingieji ir galingieji, bet vargšai, atstumtieji ir nusidėjėliai, kuriais visi laikė muitininkus ir prostitutes. Jėzus elgėsi lygiai taip pat ir rinkdamasis savo mokinius. Žmonės galvojo, kad būtų išmintinga išsirinkti mokinius iš gerai susipažinusių su Dievo įstatymu tarpo, nes bus lengviau mokyti juos Dievo žodžio, bet Jėzus išsirinko ne tokius žmones. Jis išsirinko savo mokiniais Matą, kuris buvo muitininkas, ir Petrą, Andriejų, Jokūbą ir Joną, kurie buvo žvejai.

Taip pat Jėzus gydė visokiausias ligas. Vieną dieną Jis išgydė žmogų, kuris sirgo trisdešimt aštuonerius metus ir laukė, kol Betzatos tvenkinyje sujudės vanduo. Jis gyveno skausme, neturėdamas jokios gyvenimo vilties, bet niekas nekreipė į jį dėmesio. Tačiau Jėzus priėjo prie jo ir, paklausęs: „Ar norėtum pasveikti?", išgydė jį.

Taip pat Jėzus išgydė moterį, dvylika metų sirgusią kraujoplūdžiu, ir atvėrė akis aklam elgetai Bartimiejui (Evangelija pagal Matą 9, 20-22; Evangelija pagal Morkų 10, 46-52). Eidamas į miestą, vardu Nainą, Jis pamatė našlę, kurios vienturtis sūnus numirė. Jėzui pagailo jos ir Jis prikėlė iš numirusiųjų jos sūnų (Evangelija pagal Luką 7, 11-15). Be to, Jėzus rūpinosi pavergtaisiais. Jis draugavo su atstumtaisiais – muitininkais ir nusidėjėliais.

Kai kurie žmonės kritikavo Jį už tai, kad Jis valgė su nusidėjėliais: „*Kodėl jūsų Mokytojas valgo su muitininkais ir nusidėjėliais?"* (Evangelija pagal Matą 9, 11). Tai išgirdęs Jėzus atsakė: *„Ne sveikiesiems reikia gydytojo, o ligoniams. Eikite ir pasimokykite, ką reiškia žodžiai: Aš noriu gailestingumo, o ne aukos. Aš ir atėjau šaukti ne teisiųjų, bet nusidėjėlių"* (Evangelija pagal Matą 9, 12-13). Jis mokė mus ugdyti širdyje užuojautą ir būti gailestingiems nusidėjėliams ir ligoniams.

Jėzus atėjo gelbėti ne turtingųjų ir teisiųjų, bet visų pirma vargšų, ligonių ir nusidėjėlių. Mes greitai subrandinsime gailestingumo vaisių, kai išsiugdysime Jėzaus širdį ir darysime Jo darbus. Dabar pažvelkime, ką turime daryti, kad subrandintume gailestingumo vaisių.

Išankstinio nusistatymo atmetimas ugdo malonų būdą

Pasauliečiai labai dažnai sprendžia apie žmones pagal išorę. Jų požiūris į žmones priklauso nuo pastarųjų turtinės ir visuomeninės padėties. Dievo vaikai neturi spręsti apie žmones arba keisti požiūrį į juos pagal išvaizdą. Turime net mažus vaikus ir žmones, kurie atrodo niekam tikę, laikyti geresniais už save ir tarnauti jiems iš visos širdies, panašios į Viešpaties širdį.

Jokūbo laiške 2, 1-4 parašyta: *„Mano broliai, nesutepkite mūsų šlovingojo Viešpaties Jėzaus Kristaus tikėjimo atsižvelgimu į asmenis. Štai į jūsų susirinkimą ateina žmogus, auksiniais žiedais apsimaustęs, puikiais drabužiais pasipuošęs, taip pat įžengia vargdienis apskurusiu apdaru. Jūs šokinėjate apie tą, kuris puošniai apsirengęs, ir sakote: Atsisėsk čia patogiai, o vargdieniui tariate: Pastovėk ten, arba: Sėskis prie* *mano kojų. Argi jūs nesate šališki, argi netampate kreivais sumetimais besivadovaujančiais teisėjais?"*

Taip pat Petro pirmas laiškas 1, 17 sako: *"Ir jei kaip Tėvo šaukiatės to, kuris nešališkai teisia pagal kiekvieno darbą, su baime elkitės savo viešnagės metu."*

Subrandinę gailestingumo vaisių mes nesprendžiame apie kitus ir nevertiname jų pagal išvaizdą. Taip pat turime saugotis, kad neturėtume išankstinio nusistatymo ir šališkumo dvasine prasme. Kai kurie žmonės sunkiai supranta dvasinius dalykus. Kiti turi kūno trūkumų ir gali pasakyti arba padaryti keistų dalykų tam tikrose situacijose. Dar kiti elgiasi ne taip, kaip mūsų Viešpats mokė.

Ar niekada nesijaučiate nepatenkinti, kai pamatote tokius žmones ar bendraujate su jais? Ar niekada nežiūrėjote į juos iš aukšto ir nevengėte jų draugijos? Ar niekada neužgavote kitų piktais žodžiais arba nemandagiu elgesiu?

Taip pat nemažai žmonių kalba apie asmenis, padariusius nuodėmių, kaip sėdintys teisėjo krėsle. Kai sugauta svetimaujant moteris buvo atvesta pas Jėzų, daug žmonių rodė į ją pirštu teisdami ir smerkdami. Tačiau Jėzus nepasmerkė jos, bet suteikė išganymo galimybę. Jeigu išsiugdysite tokią gailestingą širdį, jūs užjausite baudžiamus už savo nuodėmes žmones ir tikėsitės, kad jie pasitaisys.

Gailestingumas patiriantiems sunkumus

Jeigu esame gailestingi, užjaučiame esančiuosius sunkumuose ir džiaugiamės galėdami jiems padėti. Mes ne tik pajuntame gailestį ir pasakome: „Nenusimink ir būk stiprus!", bet visų pirma suteikiame jiems konkrečią pagalbą.

Jono pirmame laiške 3, 17-18 parašyta: „*Bet jei kas turėtų pasaulio turtų ir, pastebėjęs vargo spaudžiamą brolį, užrakintų jam savo širdį, tai kaip jame pasiliks Dievo meilė? Vaikeliai, nemylėkite žodžiu ar liežuviu, bet darbu ir tiesa.*" Ir Jokūbo laiškas 2, 15-16 sako: „*Jei brolis ar sesuo neturi drabužių ir stokoja kasdienio maisto, ir kas nors iš jūsų jiems tartų: ‚Keliaukite sveiki, sušilkite, pasisotinkite', o neduotų, ko reikia jų kūnui, kas iš tų žodžių?!*"

Neturite galvoti: „Gaila, kad jam trūksta maisto, bet niekuo negaliu padėti, nes man pačiam vos užtenka." Jeigu jūs iš tiesų užjaučiate žmogų, galite pasidalinti ar net atiduoti jam visą savo maisto porciją. Jeigu žmogus mano, kad jo padėtis neleidžia padėti kitiems, labai tikėtina, kad jis nepadės kitiems net praturtėjęs.

Tai susiję ne tik su materialiais daiktais. Kai matote kenčiantį žmogų, jūs turite turėti troškimą padėti jam ir pasidalinti jo skausmu. Tai gailestingumas. Jūs ypač turite rūpintis tais, kas keliauja į pragarą, nes netiki Viešpačiu. Jūs pasistengsite padaryti viską, kad jie atrastų išganymo kelią.

Manmin centrinėje bažnyčioje nuo jos atsidarymo vyksta galingi Dievo darbai. Bet aš vis tiek prašau Dievo daugiau galios ir pašvenčiau visą savo gyvenimą Jo galybės parodymui. Aš pats kentėjau skurdą ir patyriau vilties netekimo skausmą, sunkiai sirgdamas. Kai matau žmones, kenčiančius nuo panašių bėdų, jaučiu jų kančias kaip savo skausmą ir trokštu padėti kuo galiu.

Trokštu išspręsti jų problemas, išgelbėti juos iš pragaro bausmės ir nuvesti į dangų. Bet kaip aš vienas galiu padėti tokiai daugybei žmonių? Atsakymas į šį klausimą yra Dievo galia. Nors negaliu išspręsti visų skurdo, ligų ir daugybės kitų problemų, kamuojančių žmones, galiu padėti jiems susitikti Dievą ir patirti Jo artybę. Todėl stengiuosi parodyti kuo didesnę Dievo galią, kad kuo daugiau žmonių susitiktų Dievą ir patirtų Jo prisilietimą.

Žinoma, galios parodymas nėra išganymo proceso pabaiga. Nors žmonės įgyja tikėjimą, matydami Dievo galios darbus, turime rūpintis jų fiziniu ir dvasiniu gyvenimu, kol jų tikėjimas sutvirtėja. Todėl aš dariau viską, kad padėčiau stokojantiems, net kai mūsų bažnyčia turėjo finansinių sunkumų. Troškau, kad jie sustiprėtų ir drąsiai siektų dangaus. Patarlių knyga 19, 17 sako: *„Kas dosnus vargšui, tas skolina VIEŠPAČIUI; jis atmokės jam už gerą darbą."* Jeigu jūs rūpinsitės žmonėmis, turėdami panašią į Viešpaties širdį, Dievas tikrai atsilygins jums palaiminimais.

Neskubėkite rodyti žmonių ydų

Jeigu mylime kokį nors žmogų, kartais turime jam patarti arba pabarti jį. Jeigu tėvai visai nebara savo vaikų ir visada viską atleidžia, nes myli savo atžalas, vaikai išlempa. Tačiau turėdami gailestingumo mes neskubame bausti, barti ar rodyti jų trūkumus. Duodami patarimą mintimis meldžiamės ir rūpinamės to žmogaus širdimi. Patarlių knygoje 12, 18 parašyta: *„Neapgalvoti žodžiai – kaip kalavijo smūgiai, o išmintingųjų liežuvis gydo."* Pastoriai ir vyresnieji, mokantys tikinčiuosius, turi niekada nepamiršti šios tiesos.

Galite lengvai pasakyti: „Tu turi neištikimą širdį ir nepatinki Dievui. Tu turi štai šią ydą, ir todėl nepatinki kitiems." Net jeigu sakote tiesą, bet rodote kito ydas iš savo teisumo pozicijos arba pagal mąstymo šablonus, tai neatneša gyvybės. Kiti nepasikeis, išgirdę jūsų patarimą, jie užsigaus, nusimins ir nuleis rankas. Kartais kai kurie bažnyčios nariai prašo manęs pasakyti, kokių jie turi trūkumų, kad galėtų pasitaisyti. Jie sako, kad nori pamatytu savo ydas ir keistis. Jeigu man labai atsargiai pradėjus ką nors sakyti, jie mane nutraukia, kad pasiteisintų, negaliu duoti jiems patarimo. Patarti tikrai nėra lengva. Tą akimirką žmonės gali priimti patarimą su dėkojimu, bet jeigu jie praras Dvasios pilnatvę, niekas nežino, kas įvyks jų širdyje.

Kartais man tenka parodyti trūkumus, kad žmonės atliktų darbą Dievo karalystei arba išspręstų savo problemas. Tuomet aš stebiu jų veido išraišką ir mintimis meldžiuosi, vildamasis, kad jie neįsižeis ir nenusimins.

Žinoma, kai Jėzus barė fariziejus ir Rašto aiškintojus griežtais žodžiais, jie nepriėmė Jo patarimo. Jėzus suteikė jiems galimybę išgirsti tiesą, kad bent vienas patikėtų Juo ir atgailautų. Jie buvo žmonių mokytojai, Jėzus norėjo, kad žmonės suprastų tiesą ir nebūtų apgauti mokytojų veidmainystės. Išskyrus ypatingus atvejus, turite nesakyti žodžių, galinčių užgauti kitų jausmus ar atskleisti jų nuodėmes, kad jie nesukluptų. Kai tikrai būtina duoti patarimą, darykite tai su meile, įsijausdami į kito padėtį ir rūpindamiesi jo siela.

Būkite dosnūs visiems

Dauguma žmonių būna dosnūs tiems, ką myli. Net šykštuoliai paskolina arba dovanoja ką nors kitiems, jeigu žino, kad mainais gaus tai, ko jiems reikia. Evangelija pagal Luką 6, 32 sako *"Jei mylite tuos, kurie jus myli, tai koks čia jūsų nuopelnas? Juk ir nusidėjėliai myli juos mylinčius."* Turėdami gailestingumo vaisių, aukojamės kitiems, nieko nenorėdami mainais.

Jėzus nuo pat pradžių žinojo, kad Judas išduos Jį, bet elgėsi su juo taip pat kaip su kitais mokiniais. Jis suteikė jam daug progų atgailauti. Net būdamas prikaltas prie kryžiaus Jėzus meldėsi už tuos, kas Jį nukryžiavo. Evangelijoje pagal Luką 23, 34 parašyta: *"Tėve, atleisk jiems, nes jie nežino, ką darą."* Tai gailestingumas, leidžiantis atleisti net tiems, kam negalima atleisti.

Apaštalų darbuose parašyta apie Steponą, kuris taip pat turėjo gailestingumo vaisių. Jis nebuvo apaštalas, bet buvo pilnas Dievo malonės ir galios. Dideli ženklai ir stebuklai vyko per jį. Tie, kam tai nepatiko, ginčijosi su juos, bet jis atsakinėjo su Dievo išmintimi Šventojoje Dvasioje, ir jie negalėjo jai atsispirti. Žmonės matė, kad jo veidas buvo kaip angelo (Apaštalų darbai 6, 15).

Sąžinė ėmė kaltinti žydus, girdinčius Stepono pamokslą, ir galiausiai jie išvedė jį už miesto ir užmušė akmenimis. Net mirdamas Steponas meldėsi už tuos, kas mėtė akmenis į jį: *"Viešpatie, neįskaityk jiems šios nuodėmės!"* (Apaštalų darbai 7, 60). Tai rodo, kad jis jau buvo atleidęs jiems. Jis nejautė jiems neapykantos, bet turėjo gailestingumo vaisių ir užjautė juos. Steponas darė didžius darbus, nes turėjo labai gerą širdį.

Ar jums jau pavyko išsiugdyti tokią širdį? Ar dar yra koks nors žmogus, kuris jums nepatinka arba su kuriuo nesutariate? Jūs turite priimti kitus, net jeigu jų charakteriai ir nuomonės nesutampa su jūsų. Turite įsijausti į kito padėtį. Tuomet jūs pakeisite savo negerus jausmus jo atžvilgiu.

Jeigu galvosite tik apie tai, kodėl kitas taip negerai elgiasi, nebandydami jo suprasti, jus apims blogi jausmai, jį pamačius. Tačiau jūs galite galvoti, kad jis atsidūrė tokioje padėtyje ir todėl taip elgiasi, ir pakeisti savo blogus jausmus užuojauta. Tuomet jums bus gaila to žmogaus, kuris negali kitaip elgtis, ir jūs melsitės už jį.

Kai jūs šiuo būdu keisite savo mintis ir jausmus, išrausite neapykantą ir kitus blogus jausmus vieną po kito. Jeigu užsispyrę laikysitės savo jausmų, negalėsite priimti kitų, ir jums nepavyks atsikratyti neapykantos bei kitų blogų jausmų. Turite atmesti savo teisumą ir pakeisti savo mintis bei jausmus, kad galėtumėte priimti visus ir tarnauti bet kokiam žmogui.

Gerbkite kitus

Norėdami subrandinti gailestingumo vaisių, turime atiduoti garbę kitiems, kai ką nors gerai padarome, ir prisiimti kaltę sau, kai kas nors nepavyksta. Kai kitas asmuo pelno visą pripažinimą ir pagyrimus, nors dirbote kartu, jūs džiaugiatės jo laime kaip savo. Jums nekils nemalonių minčių apie tai, kad padarėte didesnę darbo dalį, bet visi giria tą asmenį, nors jis turi daug trūkumų. Jūs tik dėkosite Dievui ir džiaugsitės, kad jis turės daugiau pasitikėjimo savimi ir geriau dirbs, sulaukęs kitų pagyrimo.

Jeigu motina padarys kokį nors darbą kartu su savo vaiku, ir tik vaikas sulauks gero įvertinimo, kaip ji jausis? Jokia motina nesiskųs sakydama, kad padėjo savo vaikui atlikti, bet negavo jokio atlyginimo. Taip pat motinai malonu girdėti kitus giriant jos grožį, bet ji bus laimingesnė, jeigu žmonės sakys, kad jos duktė gražuolė.

Kai subrandiname gailestingumo vaisių, galime iškelti bet kokį žmogų laikyti aukščiau už save ir priskirti jam visus nuopelnus. Mes džiaugsimės su juo, kaip patys būdami giriami. Gailestingumas yra būdingas Dievui Tėvui, kuris yra kupinas užuojautos ir meilės. Ne tik gailestingumas, bet ir visi Šventosios Dvasios vaisiai yra tobulo Dievo širdyje. Meilė, džiaugsmas, ramybė, kantrybė ir visi kiti vaisiai yra skirtingi Dievo širdies aspektai.

Todėl norėdami subrandinti Šventosios Dvasios vaisius turime stengtis įgyti Dievo širdį ir būti tobuli kaip Dievas yra tobulas. Kuo brandesni bus dvasiniai vaisiai jumyse, tuo mielesni jūs tapsite, ir Dievas pripildys jus savo meile. Jis džiaugsis jumis sakydamas, kad esate Jo sūnūs ir dukterys, labai panašūs į Jį. Jeigu tapsite tokiais Dievo vaikais, kokie Jam patinka, gausite viską, ko prašysite maldoje, ir net tai, ko trokšta jūsų širdis, nes Dievas tai žino ir atsiliepia į jūsų troškimus. Tikiuosi, kad jūs visi subrandinsite tobulus Šventosios Dvasios vaisius ir visada patiksite Dievui, būsite apipilti palaiminimais ir džiaugsitės didžia garbe dangaus karalystėje, būdami idealiai panašūs į Dievą vaikai.

Tokiems dalykams nėra įstatymo

Laiškas filipiečiams 2, 5

„*Būkite tokio nusistatymo kaip Kristus Jėzus.*"

7 skyrius

Gerumas

Gerumo vaisius
Gerumo siekimas, paklūstant Šventosios Dvasios troškimams
Visada rinkitės gerumą kaip gailestingasis samarietis
Niekada nesiginčykite ir nesipuikuokite
Nenulaužkite palūžusios nendrės ir neužgesinkite gruzdančio dagčio
Gerumo tiesoje galia

Gerumas

Vieną vakarą varganai apsirengęs jaunuolis pasibeldė į pagyvenusių sutuoktinių poros namų duris ir paprašė išnuomoti jam kambarį. Sutuoktiniams pagailo jo ir jie išnuomojo jam kambarį. Tačiau tas jaunuolis nėjo į darbą ir kiekvieną dieną gėrė. Dauguma žmonių tokiu atveju būtų jį išvarę manydami, kad jis nesusimokės už kambarį, bet šie sutuoktiniai dalinosi su juo maistu ir drąsino jį, skelbdami evangeliją. Jų meilės darbai labai sujaudino jaunuolį, nes tie žmonėms elgėsi su juo kaip su savo sūnumi. Galiausiai jis priėmė Jėzų Kristų ir tapo nauju žmogumi.

Gerumo vaisius

Mylėti iki galo net apleistus ir socialiai atstumtus žmones, nenusiviliant jais, yra gerumas. Gerumo vaisius subręsta širdyje, bet atsiskleidžia darbais, kaip pasakojime apie pagyvenusius sutuoktinius.

Kai subrandinsime gerumo vaisių, mes visur skleisime Kristaus kvapą. Mus supantys žmonės bus sujaudinti, matydami mūsų gerus darbus, ir garbins Dievą.

Gerumas yra savybė apimanti romumo, atidumo, geraširdiškumo ir dorumo sąvokas. Tačiau dvasine prasme tai širdis, siekianti gerumo Šventojoje Dvasioje ir gerumo tiesoje. Kai subrandinsime šį gerumo vaisių, turėsime Viešpaties širdį, tyrą ir be dėmės.

Kartais net netikintieji, neturintys Šventosios Dvasios, siekia gerumo tam tikru mastu. Pasaulio žmonės atskiria ir sprendžia, kas yra gera ir bloga, pagal savo sąžinę. Jeigu sąžinė nekaltina jų, pasaulio žmonės tariasi esą geri ir teisūs, bet skirtingų žmonių sąžinė būna labai skirtinga. Norėdami suprasti gerumą, kuris yra Dvasios vaisius, pirmiausia turime suprasti žmonių sąžinę.

Gerumo siekimas, paklūstant Šventosios Dvasios troškimams

Kai kurie naujai įtikėjusieji sprendžia apie pamokslus pagal savo žinias ir sąžinę sakydami, kad kokia nors pamokslo mintis prieštarauja kokiai nors mokslinei teorijai, bet paaugę tikėjime ir susipažinę su Dievo žodžiu supranta, kad jų vertinimo standartai buvo neteisingi.

Sąžinė yra gėrio ir blogio atskyrimo standartas, pagrįstas žmogaus prigimtimi. Žmogaus prigimtis priklauso nuo įgimtos gyvybės energijos ir aplinkos, kurioje jis augo. Gavusieji gerą gyvybės energiją vaikai turi palyginti gerą prigimtį. Taip pat žmonės, užaugę geroje aplinkoje, matydami ir girdėdami daug gerų dalykų, dažniausiai susiformuoja gerą sąžinę. Kita vertus, paveldėję iš tėvų piktą prigimtį ir augdami patyrę daug blogio vaikai dažniausiai užaugę turi blogą sąžinę.

Pavyzdžiui, mokyti dorumo vaikai jaučia sąžinės priekaištus, kai pameluoja. Tačiau tarp melagių augantiems vaikams atrodo, kad meluoti yra savaime suprantama. Jie net negalvoja, kad meluoja. Galvodami, kad meluoti yra gerai, jie taip sutepa savo sąžinę, kad nebejaučia jokių sąžinės priekaištų dėl melo.

Net tų pačių tėvų ir toje pačioje aplinkoje auginami vaikai skirtingai priima tuos pačius dalykus. Vieni vaikai būna paklusnūs tėvams, kiti turi labai stiprią valią ir polinkį neklausyti. Todėl net tų pačių tėvų užauginti broliai ir seserys turi skirtingą sąžinę.

Sąžinė susiformuoja skirtingai ir priklauso nuo socialinių ir ekonominių vertybių ten, kur žmonės užaugo. Kiekviena visuomenė turi skirtingą vertybių sistemą, ir standartai prieš šimtą ar 50 metų buvo kitokie negu šiandien. Pavyzdžiui, kai žmonės turėjo vergų, jie nemanė, kad negalima jų mušti ir versti dirbti. Taip pat vos prieš 30 metų moterims buvo socialiai nepriimtina rodyti savo apnuogintą kūną per televiziją. Kaip minėjau, sąžinė būna skirtinga ir priklauso nuo žmogaus, vietos ir laiko. Tie, kas mano gyveną pagal savo sąžinę, vadovaujasi tuo, ką laiko gėriu. Tačiau tai nereiškia, kad jie elgiasi visiškai gerai.

Bet mes, tikintieji į Dievą, turime tą patį standartą, pagal kurį atskiriame gera ir pikta. Dievo žodis yra mūsų standartas. Šis standartas tas pats vakar, šiandien ir amžinai. Dvasinis gerumas yra paversti šią tiesą savo sąžine ir vadovautis ja. Tai noras paklusti Šventosios Dvasios troškimams ir siekti gerumo. Tačiau vien trokšdami būti geri negalime sakyti, kad turime gerumo vaisių. Subrandiname šį vaisių tik tada, kai mūsų darbai nuolat rodo gerumą.

Evangelija pagal Matą 12, 35 sako: *„Geras žmogus iš gero lobyno iškelia gera, o blogas iš blogo lobyno iškelia bloga.“* Patarlių knygoje 22, 11 parašyta: *„Kas myli tyrą širdimi ir maloniai kalba, tas bičiuliu turės karalių.“* Kaip sako šios Šventojo Rašto eilutės, tikrai siekiantieji gerumo daro matomus gerus darbus. Kur bebūtų, jie visiems rodo dosnumą ir meilę gerais žodžiais ir darbais. Kaip kvepalais apsišlakstęs žmogus skleidžia malonų kvapą, taip gerumo kupini žmonės skleidžia Kristaus kvapą.

Kai kurie žmonės nori išsiugdyti gerą širdį, todėl seka paskui dvasinius žmones ir nori draugauti su jais. Jiems patinka klausyti ir mokytis tiesos. Jie lengvai susijaudina ir išlieja daug ašarų, bet niekaip neišsiugdo taip trokštamos geros širdies. Išgirdę ir supratę kokią nors tiesą, jie turi įsidėti į širdį ir praktikuoti ją. Pavyzdžiui, jeigu jums patinka būti tik su gerais žmonėmis, ir jūs vengiate tų, kurie nėra geri, ar iš tiesų ilgitės gerumo?

Turime ko pasimokyti net iš tų, kurie nėra geri. Jeigu neturite ko išmokti iš jų, galite pasimokyti iš jų gyvenimo. Jeigu koks nors žmogus yra ūmaus būdo, jūs pamatysite, kad per savo būdą jis dažnai įsivelia į ginčus ir kivirčus. Taip jums pasidarys aišku, kodėl reikia atsikratyti karštakošiškumo. Jeigu bendrausite tik su gerais žmonėmis, jūs nepasimokysite iš matomų ir girdimų dalykų reliatyvumo. Visada yra ko pasimokyti iš visokiausių žmonių. Galite manyti, kad labai ilgitės gerumo, daug žinoti ir suprasti, bet turite pasitikrinti ar dažnai darote gerus darbus.

Visada rinkitės gerumą kaip gailestingasis samarietis

Dabar nuodugniau apžvelkime dvasinį gerumą, kuris yra gerumas tiesoje ir Šventojoje Dvasioje. Tiesą sakant, dvasinis gerumas yra labai plati sąvoka. Dievo prigimtis yra gerumas, kuriuo alsuoja visa Biblija, bet ypač išraiškingai gerumas aprašytas Laiške filipiečiams 2, 1-4:

Taigi, jeigu esama Kristuje paskatinimo, meilės paguodos, jei esama bendrystės Dvasioje, nuoširdumo ir užuojautos, tai padarykite mano džiaugsmą tobulą, laikydamiesi vienos minties, turėdami vienokią meilę, santaiką ir sutarimą. Tegul nelieka vietos vaidams ar tuščiai puikybei, bet nuolankiai vienas kitą laikykite aukštesniu už save ir žiūrėkite kiekvienas ne savo naudos, bet kitų.

Žmogus, turintis dvasinio gerumo, siekia gerumo Viešpatyje, todėl palaiko net tuos darbus, kuriems nepritaria. Dvasiškai geras žmogus yra nuolankus ir neturi jokios tuštybės, noro sulaukti pripažinimo ar šlovės. Net kai kiti ne tokie turtingi ar protingi, jis gali nuoširdžiai gerbti juos ir būti jiems tikru draugu.

Nors kiti kenkia jam be priežasties, jis priima juos su meile, tarnauja jiems ir nusižemina, kad gyventų taikoje su visais. Jis ne tik ištikimai atlieka savo pareigas, bet rūpinasi ir kitais žmonėmis. Evangelijos pagal Luką 10-ame skyriuje užrašytas palyginimas apie gailestingąjį samarietį.

Vienas žmogus buvo apiplėštas, keliaudamas iš Jeruzalės į Jerichą. Plėšikai išrengė jį ir paliko pusgyvį. Vienas kunigas ėjo pro šalį ir matė jį mirštantį, bet praėjo kita kelio puse. Taip pat ir levitas matė jį ir praėjo kita kelio puse. Kunigai ir levitai gerai žinojo Dievo žodį ir tarnavo Dievui. Jie išmanė Įstatymą geriau negu visi kiti žmonės ir dar didžiavosi savo geru tarnavimu Dievui.

Kai turėjo vykdyti Dievo valią, jie nedarė darbų, kuriuos turėjo daryti. Žinoma, jie turėjo pateisinančių priežasčių, kodėl jam nepadėjo, bet jei būtų turėję gerumo, nebūtų galėję nekreipti dėmesio į žmogų, kuriam žūtbūtinai reikėjo pagalbos.

Vėliau vienas samarietis užtiko tą apiplėštą žmogų. Samarietis pasigailėjo jo ir aptvarstė žaizdas, paskui užkėlė ant savo gyvulio, nugabeno į užeigą ir paprašė užeigos šeimininko slaugyti sužeistąjį. Kitą dieną jis davė užeigos šeimininkui du denarus ir pažadėjo grįždamas atlyginti visas papildomas išlaidas, jeigu jų bus.

Jeigu samarietis būtų galvojęs tik apie save, jis nebūtų radęs jokios priežasties rūpintis nukentėjusiu nepažįstamuoju. Jis buvo užsiėmęs, turėjo sugaišti laiko ir išleisti pinigų visiškai nepažįstamo žmogaus labui. Taip pat jis galėjo suteikti jam tik pirmąją pagalbą, bet neprašyti užeigos savininko rūpintis juos ir nežadėti jam, kad padengs visas papildomas išlaidas.

Tačiau turėdamas gerumo jis negalėjo nekreipti dėmesio į mirštantį žmogų. Nors turėjo prarasti laiko ir pinigų, būdamas užimtas, jis negalėjo abejingai praeiti pro žmogų, kuriam žūtbūtinai reikėjo pagalbos. Kai pats nebegalėjo padėti nelaimėliui, jis paprašė, kad kitas žmogus jam padėtų. Jeigu samarietis būtų praėjęs pro šalį dėl savo svarbių reikalų, tikriausiai sunki našta būtų prislėgusi jam širdį.

Jis nuolat klaustų ir kaltintų save, galvodamas: „Įdomu, kas atsitiko tam sužeistam žmogui? Man reikėjo išgelbėti jį, nepaisant nuostolių, kuriuos būčiau patyręs. Dievas viską matė, kaip galėjau taip pasielgti?" Dvasinis gerumas neleidžia mums nusiraminti, kol nepasirenkame gerumo kelio. Net jausdami, kad kas nors bando mus apgauti, visada pasirenkame gerumą.

Niekada nesiginčykite ir nesipuikuokite

Ir Evangelija pagal Matą 12, 19-20 kalba apie dvasinį gerumą. 19-oje eilutėje parašyta: *„Jis nesiginčys, nešauks, ir negirdės* *niekas gatvėse jo balso.*" Kitoje, 20-a eilutėje, pasakyta: *"Jis nenulauš palūžusios nendrės ir neužgesins gruzdančio dagčio, kol nenuves į pergalę teisingumo."*

Tai Jėzaus dvasinis gerumas. Savo tarnystėje Jėzus su niekuo neturėjo jokių problemų ar ginčų. Nuo pat vaikystės Jis pakluso Dievo žodžiui ir savo viešosios tarnystės metu darė tik gera, skelbdamas dangaus karalystės evangeliją ir gydydamas ligonius. Tačiau pikti žmonės išbandė Jį daugybe žodžių, siekdami Jo mirties.

Jėzus visada žinojo jų piktus kėslus, bet nejautė neapykantos jiems. Jis tik leido jiems suprasti tikrąją Dievo valią. Kai jie visai jos nesuprato, Jis nesiginčydavo su jais, bet tiesiog vengdavo jų. Net tardomas prieš nukryžiavimą Jis nesiginčijo ir neprotestavo.

Kai išaugame iš naujatikio amžiaus krikščionių tikėjime, mes būname tam tikru mastu susipažinę su Dievo žodžiu. Mes nekeliame balso ir neįnirštame dėl kokių nors nesutarimų su kitais. Tačiau kivirčijimasis yra ne tik balso pakėlimas. Jeigu mus apima nemalonūs jausmai dėl kokių nors nesutarimų, tai jau kivirčas. Mes sakome, kad tai ginčas, nes širdies ramybė būna sudrumsta.

Jeigu širdyje nėra ramybės, priežastis slypi mumyse. Mums neramu ne todėl, kad kas nors blogai elgiasi su mumis. Ne todėl, kad kas nors daro tai, kas mums atrodo neteisinga. Tiesiog mūsų širdis per siaura, kad priimtų kitus, ir mūsų mąstymo šablonai neleidžia mums suprasti daugybės dalykų.

Minkštas vatos gabalėlis neskleidžia jokio garso, sudavus per jį bet kokiu daiktu. Kiek bepurtytume tyro ir švaraus vandens indą, vanduo jame išliks tyras ir švarus. Tas pats ir su žmogaus širdimi. Minčių ramybės netekimas ir sukylantys nemalonūs jausmai tam tikrose situacijose rodo, kad širdyje dar yra pikto.

Šventajame Rašte parašyta, kad Jėzus nešaukė, o kodėl kiti žmonės šaukia? Todėl, kad nori pasirodyti ir pasipuikuoti. Jie šaukia, nes nori, kad kiti pripažintų juos ir tarnautų jiems.

Jėzus padarė stulbinančių darbų, prikeldamas mirusiuosius ir atverdamas akis akliesiems, bet vis tiek buvo nuolankus. Net žmonėms tyčiojantis iš Jo, kai jis kabojo ant kryžiaus, Jis pakluso Dievo valiai iki mirties, nes neturėjo noro pasipuikuoti (Laiškas filipiečiams 2, 5-8). Taip pat pasakyta, kad niekas negirdėjo Jo balso gatvėse. Tai liudija apie Jo tobulas manieras. Jis buvo tobulas pakantumu, nusiteikimu ir kalba. Jo nepaprastas gerumas, romumas ir dvasinė meilė, esantys Jo širdies gelmėse, atsiskleidė ir išorėje.

Kai subrandiname gerumo vaisių, neturime jokių konfliktų ir problemų su niekuo taip pat kaip mūsų Viešpats. Mes nekalbame apie kitų kaltes ir ydas. Nebandome puikuotis ir iškelti savęs virš kitų, net kentėdami nekaltai nesiskundžiame.

Nenulaužkite palūžusios nendrės ir neužgesinkite gruzdančio dagčio

Kai auginame medžius ar kitus augalus, paprastai nukarpome pažeistus lapus ir šakas. Taip pat, kai dagtis gruzda arba smilksta, jis nebešviečia, tik skleidžia dūmus ir smalkes, todėl žmonės jį užgesina. Tačiau turintieji dvasinį gerumą „nenulauš palūžusios nendrės ir neužgesins gruzdančio dagčio". Jeigu yra bent menkiausia galimybė pasveikti, jie negali nutraukti gyvybės ir stengiasi atverti gyvybės kelią kitiems.

Palūžusi nendrė čia reiškia tuos, kas yra pilni šio pasaulio nuodėmių ir pikto. Gruzdantis dagtis simbolizuoja tuos, kurių širdys taip pikto suteptos, kad jų sielos šviesa baigia užgesti. Nepanašu, kad žmonės, kurie yra kaip palūžusios nendrės ir gruzdantys dagčiai, priims Viešpatį. Net jeigu jie tiki į Dievą, jų darbai nesiskiria nuo pasaulio žmonių. Jie net kalba prieš Šventąją Dvasią ir sukyla prieš Dievą. Jėzaus laikais daug kas netikėjo ir nors matė nepaprastai galingus darbus, sukilo prieš Šventosios Dvasios veikimą. Tačiau Jėzus žiūrėjo į juos su tikėjimu iki galo ir atvėrė daug galimybių priimti išgelbėjimą.

Šiandien net bažnyčiose yra daug žmonių, panašių į palūžusias nendres ir rūkstančius dagčius. Jie šaukia „Viešpatie, Viešpatie", bet gyvena nuodėmėse. Kai kurie iš jų net sukyla prieš Dievą. Turėdami silpną tikėjimą į suklumpa gundomi ir liaujasi lankę bažnyčią. Kai jie padaro daug dalykų, kurie laikomi piktais bažnyčioje, jiems būna taip gėda, kad jie palieka bažnyčią. Jeigu mes turime gerumo, privalome pirmi ištiesti jiems pagalbos ranką.

Kai kurie žmonės trokšta būti pripažinti ir mylimi bažnyčioje, bet kai taip neatsitinka, pyktis prasiveržia juose. Jie ima pavydėti tiems, kuriuos bažnyčios nariai myli, ir kurie daro dvasinę pažangą, ir pradeda blogai klabėti apie juos. Jie neatiduoda širdies darbams, jeigu ne patys juos sumanė, ir ieško trūkumų juose.

Net tokiais atvejais turintieji dvasinio gerumo vaisių priims šiuos žmones, darančius pikta. Dvasinio gerumo kupini žmonės nesistengia išsiaiškinti, kas teisus, kas klysta, kas geras ar blogas, ir nubausti kaltųjų. Jie sutirpdo aplinkinių širdis savo gerumu ir ištikima širdimi.

Kartais žmonės prašo manęs atskleisit tapatybes tų žmonių, kurie lanko bažnyčią, turėdami paslėptų blogų motyvų. Man sako, kad taip apsaugosime bažnyčios narius nuo apgavystės, ir tie blogi žmonės nebeateis į bažnyčią. Taip, jų tapatybės atskleidimas gali apvalyti bažnyčią, bet kaip gėda bus jų šeimų nariams arba tiems, kas atsivedė juos į bažnyčią? Jeigu dėl įvairių priežasčių pradėsime išvarinėti bažnyčios narius, nedaug žmonių liks bažnyčioje. Viena iš bažnyčios pareigų yra pakeisti piktus žmones ir nuvesti į dangaus karalystę.

Žinoma, kai kurie žmonės toliau eis piktyn ir keliaus mirties keliu, net rodant jiems gerumą. Tačiau net tokiais atvejais mes nenustatysime savo kantrybės ribos ir neapleisime jų, kai jie peržengs tą ribą. Dvasinis gerumas įkvėps mus leisti jiems ieškoti dvasinio gyvenimo iki galo, nenumojant į juos ranka.

Kviečiai ir pelai labai panašūs, bet pelai yra tuščiaviduriai. Nuėmęs derlių ūkininkas sukraus kviečius į klėtį ir sudegins arba panaudos kaip trąšas pelus. Bažnyčioje taip yra kviečių ir pelų. Išoriškai visi gali atrodyti tikintys, bet kviečiai paklūsta Dievo žodžiui, o pelai eina blogais keliais.

Tačiau kaip ūkininkas laukia iki pjūties, mylintis Dievas laukia iki galo, kad pasikeistų net tie žmonės, kurie yra kaip pelai. Kol ateis paskutinė diena, turime visiems suteikti galimybių išsigelbėti ir žiūrėti į visus tikėjimo akimis, ugdydami savyje dvasinį gerumą.

Gerumo tiesoje galia

Jums gali būti sunku suprasti, kuo dvasinis gerumas skiriasi nuo kitų dvasinių savybių. Palyginime apie gerąjį samarietį jo darbai buvo dosnūs ir gailestingi, ir jeigu mes nesikivirčijame ir nekeliame balso, turime ramybę ir romumą. Ar dvasinis gerumas įtraukia visas šias savybes?

Žinoma, gerumas apima meilę, dosnią širdį, gailestingumą, ramybę ir romumą. Kaip minėjau, gerumas yra Dievo prigimtis ir labai plati sąvoka. Tačiau išskirtinės dvasinio gerumo savybės yra troškimas daryti gerus darbus ir jų darymas. Didžiausias dėmesys turi būti skirtas ne kitų užjautimui ar pagalbai jiems, bet gerumui, kuris neleido samariečiui praeiti pro šalį, kai reikėjo parodyti gailestingumą.

Taip pat nesiginčijimas ir balso nekėlimas yra romumo dalis. Tačiau turėdami dvasinį gerumą mes negalime drumsti ramybės todėl, kad esame dvasinio gerumo valdomi. Užuot kėlę balsą ir reikalavę pripažinimo, mes išliekame romūs, nes pasiduodame šiam gerumui.

Kai būdami ištikimi išsiugdysite gerumo vaisių, jūs būsite ištikimi ne tik vienoje srityje, bet ir visuose Dievo namuose. Jeigu jūs apleidžiate bent vieną iš savo pareigų, kas nors gali dėl to nukentėti. Dievo karalystės darbas gali būti nepakankamai gerai atliktas. Jei turite gerumo, jūs nesijausite gerai dėl tokių dalykų. Jūs negalėsite apleisti jokių savo pareigų ir stengsitės būti ištikimi visuose Dievo namuose. Šis principas tinka visoms dvasios savybėms.

Pikti žmonės neturi ramybės, jeigu piktai nesielgia. Jie pasijunta gerai tik tada, kai išlieja visą pyktį, kurį turi. Turintieji įprotį įsiterpti, kai kiti kalba, negali susivaldyti neįsikišę į kitų pokalbius. Nors užgauna ir trikdo kitus, jie negali nusiraminti, kol nepasielgia kaip nori. Nepaisant to, jeigu jie atsimena ir atkakliai stengiasi atsikratyti blogų įpročių ir nusistatymų, kurie prieštarauja Dievo žodžiui, jiems pavyks daugumą jų atmesti. Tačiau jeigu jie nesistengs ir nuleis rankas, jie bus tokie pat net po dešimt ar dvidešimt metų.

Tačiau su ugdančiais gerumą žmonėmis viskas bus priešingai. Jeigu nepasielgs gerai, jie jausis blogiau negu patyrę nuostolį ir nuolat galvos apie tai. Net jeigu nukentės patys, jie nenori pakenkti kitiems. Jie stengiasi laikytis taisyklių net tada, kai tai būna sunku.

Apaštalas Paulius buvo kupinas gerumo. Galėdamas valgyti mėsą jis sutiko nevalgyti jos visą likusį gyvenimą, kad nepapiktintų jokio kito žmogaus. Jeigu tai, kas jiems patinka, apsunkina kitus, gerumo vaisių turintieji su džiaugsmu atsisakys savo malonumų kitų labui. Jie negali daryti nieko blogo kitiems ir nieko, kas nuliūdintų juose Šventąją Dvasią.

Jeigu jūs visuose dalykuose siekiate gerumo, tai dvasinio gerumo vaisius. Subrandinę dvasinio gerumo vaisių jūs turėsite Viešpaties nusistatymą ir nepapiktinsite nė vieno mažutėlio. Jūsų gerumas ir romumas bus matomas. Jūs būsite panašūs į Viešpatį, jūsų elgesys ir žodžiai bus tobuli. Jūs visiems būsite gražūs ir skleisite Kristaus kvapą.

Evangelijoje pagal Matą 5, 15-16 parašyta: *„Ir niekas nevožia indu degančio žiburio, bet jį stato į žibintuvą, kad šviestų visiems, kas yra namuose. Taip tešviečia ir jūsų šviesa žmonių akivaizdoje, kad jie matytų gerus jūsų darbus ir šlovintų jūsų Tėvą danguje."* Taip pat Antras laiškas korintiečiams 2, 15 sako: *„Juk mes esame Kristaus kvapas Dievui tarp einančių į išganymą ir žengiančių į pražūtį."* Tikiuosi, kad jūs atnešite Dievui garbę, greitai subrandindami gerumo vaisių ir skleisdami Kristaus kvapą pasaulyje.

Skaičių knyga 12, 7-8

"Jam patikėti visi mano namai.

Su juo aš kalbu tiesiogiai,

aiškiai, ne mįslėmis.

Jis mato patį VIEŠPATĮ."

Tokiems dalykams nėra įstatymo

8 skyrius

Ištikimybė

Mūsų ištikimybės pripažinimas
Padarykite daugiau darbo negu užduota
Būkite ištikimi tiesoje
Dirbkite pagal šeimininko valią
Būkite ištikimi visuose Dievo namuose
Ištikimybė Dievo karalystei ir teisumui

Ištikimybė

Vienas žmogus turėjo iškeliauti į užsienio šalį. Jis įpareigojo tris savo tarnus pasirūpinti jo turtu. Vienam jis davė talentą, kitam du, trečiam penkis, atsižvelgdamas į kiekvieno gabumus, ir iškeliavo. Tarnas, kuris gavo penkis talentus, panaudojo juos verslui ir uždirbo dar penkis. Du talentus gavęs tarnas uždirbo dar du. Tačiau tas, kuris turėjo vieną talentą, užkasė jį ir negavo jokio pelno.

Šeimininkas pagyrė tarnus, uždirbusius du ir penkis talentus. Jis apdovanojo juos sakydamas: *„Gerai, šaunusis ir ištikimasis tarne"* (Evangelija pagal Matą 25, 21). Tačiau jis subarė talentą užkasusį tarną žodžiais: *„Blogasis tarne, tinginy"* (26-a eilutė).

Dievas duoda mums daug pareigų pagal mūsų talentus, kad mes dirbtume Jam. Tik tada, kai visomis jėgomis vykdysime pareigas iki galo, siekdami naudos Dievo karalystei, būsime pripažinti šauniaisiais ir ištikimaisiais tarnais.

Mūsų ištikimybės pripažinimas

Žodynai apibrėžia žodį „ištikimybė" kaip atsidavimą iš meilės ir lojalumo arba kaip tvirtą pažadų ir pareigų vykdymą. Net pasaulyje ištikimi žmonės labai vertinami už patikimumą.

Tačiau Dievas pripažįsta kitokią ištikimybę negu šio pasaulio žmonės. Vien nepriekaištingas pareigų atlikimas nėra dvasinė ištikimybė. Taip pat, jei pašvenčiame visas jėgas ir net savo gyvenimą kokiai nors vienai konkrečiai sričiai, tai ne visiška ištikimybė. Ar galima vadinti ištikimybe gerą žmonos, motinos ar vyro pareigų atlikimą? Mes tik padarome tai, ką turėjome padaryti.

Dvasiškai ištikimi žmonės yra Dievo karalystės turtas ir

skleidžia malonų kvapą. Tai atsidavusios širdies ir nepalaužiamo paklusnumo kvapas. Dvasinę ištikimybę galima palyginti su darbinio jaučio paklusnumu ir patikimos širdies kvapu. Jeigu skleisime šį kvapą, būsime labai mieli Viešpačiui, ir Jis norės taip artimai bendrauti su mumis, kaip bendravo su Moze.

Izraelio sūnūs buvo vergai Egipte daugiau negu 400 metų, ir Mozė turėjo pareigą nuvesti juos į Kanaano žemę. Jis buvo tai Dievo mylimas, kad Dievas kalbėjo su juo akis į akį. Jis buvo ištikimas visuose Dievo namuose ir įvykdė viską, ką Dievas jam liepė, ir net negalvojo apie problemas, kurios galėjo jį užgriūti. Jis buvo daugiau negu ištikimas visose srityse, atlikdamas Izraelio vadovo ir savo šeimos galvos pareigas.

Vieną dieną Mozės uošvis Jetras atėjo pas jį. Mozė papasakojo jam apie visus nuostabius darbus, kuriuos Dievas padarė Izraelio tautai. Kitą dieną Jetras pamatė keistą vaizdą. Žmonės nuo ankstyvo ryto stovėjo eilėje, kad susitiktų su Moze. Jie nešdavo Mozei ginčus, kurių patys negalėjo išspęsti. Jetras davė patarimą savo žentui.

Išėjimo knygoje 18, 21-22 parašyta: *„Be to, turėtum paieškoti visoje tautoje pajėgių vyrų-vyrų, bijančių Dievo, patikimų ir sąžiningų. Paskirk tokius vyrus kaip pareigūnus tūkstančiams, šimtams, penkiasdešimtims ir dešimtims. Tegu jie nuolat žmonėms teisėjauja; tepateikia tau tik ypatingus atvejus, o paprastus patys teišsprendžia. Leisdamas jiems dalytis našta su tavimi, sau palengvinsi."*

Mozė paklausė jo žodžių. Jis suprato, kad uošvis kalba išmintingai, ir priėmė jo patarimą. Mozė išsirinko pajėgių ir sąžiningų vyrų ir paskyrė juos žmonių seniūnais tūkstančiams, šimtams, penkiasdešimtims ir dešimtims. Jie teisėjavo žmonėms, sunkius atvejus pateikdami Mozei, o lengvesnius patys išspręsdami.

Mes subrandinsime ištikimybės vaisių, kai geraširdiškai atliksime visas savo pareigas. Mozė ištikimai tarnavo savo šeimai ir tautai. Jis atidavė visą savo laiką ir pastangas, ir todėl buvo pripažintas ištikimu visuose Dievo namuose. Skaičių knyga 12, 7-8 sako: „*Bet ne toks yra mano tarnas Mozė: jam patikėti visi mano namai. Su juo aš kalbu tiesiogiai, aiškiai, ne mįslėmis. Jis mato patį VIEŠPATĮ.*"

Koks žmogus turi Dievo pripažįstamą ištikimybės vaisių?

Padarykite daugiau darbo negu užduota

Kai mokame darbuotojams už atliktą darbą, nesakome, kad jie ištikimi, jeigu jie tik atlieka savo pareigas. Sakome, kad jie padarė savo darbą, bet tik tai, už ką gauna pinigus, todėl nevadiname jų ištikimais. Tačiau kai kurie darbuotojai padaro daugiau negu tik tai, už ką gauna pinigus, ir padaro tai ne atmestinai, negalvodami, kad neturi stengtis dėl to, kad jiems niekas nemokės. Jie atlieka pareigą iš širdies, visu protu ir siela, negailėdami laiko ir pinigų, turėdami širdies troškimą pavyzdingai atlikti pareigas.

Kai kurie etatiniai bažnyčios darbuotojai padaro daugiau negu jiems užduota. Jie dirba po darbo ir per šventes, o kai nedirba, galvoja apie savo pareigą Dievui. Jie visada galvoja, kaip geriau pasitarnauti bažnyčiai bei jos nariams ir padaro daugiau darbo negu užduota. Be to, jie imasi bažnyčios ląstelių vadovų pareigų ir rūpinasi sielų išganymu. Ištikimybė yra padaryti daug daugiau negu mums patikėta.

Taip pat, prisiėmę atsakomybę subrandinusieji ištikimybės vaisių padaro daugiau negu jiems priklauso. Pavyzdžiui, Mozė buvo pasiryžęs paguldyti savo gyvybę, kai meldėsi už nusidėjusių izraelitų išgelbėjimą. Jo žūtbūtinė malda užrašyta Išėjimo knygoje 32, 31-32: *„Deja! Ši tauta nusidėjo sunkia nuodėme. Pasidarė sau dievą iš aukso! O dabar, jei tu tik atleistum jų nuodėmę... Bet jei ne, ištrink mane iš knygos, kurią parašei!"*

Kai Mozė atliko savo pareigą, jis ne tik klusniai padarė tai, ką Dievas jam liepė. Jis negalvojo: „Padariau viską, kad perduočiau jiems Dievo valią, bet jie nepriėmė jos. Daugiau niekuo negaliu jiems padėti." Jis turėjo Dievo širdį ir vedė žmones, su meile atiduodamas visas savo pastangas. Todėl, kai tauta nusidėdavo, jis jautėsi kaltas ir atsakingas dėl to.

Tas pats ir su apaštalu Pauliumi. Laiške romiečiams 9, 3 jis rašo: *„Man mieliau būtų pačiam būti prakeiktam ir atskirtam nuo Kristaus vietoj savo brolių, tautiečių pagal kūną."* Bet net žinojimas apie Pauliaus ir Mozės ištikimybę nereiškia, kad išsiugdėme ją.

Net turintieji tikėjimą ir atliekantys pareigas pasakytų ką kitą negu Mozė, atsidūrę tokioje pat padėtyje. Jie galėtų pasakyti: „Dieve, aš viską padariau. man gaila šių žmonių, bet aš labai daug kentėjau juos vesdamas." Iš tiesų šie žodžiai sako: „Aš ramus, nes padariau viską, ką turėjau." Arba jie gali rūpintis, kad nebūtų nubausti už kitų nuodėmes, kai niekuo nenusikalto. Tokių žmonių širdims dar labai toli iki ištikimybės.

Žinoma, ne bet kas gali melstis: „Atleisk jų nuodėmes arba ištrink mane iš gyvenimo knygos." Tai tik reiškia, kad išsiugdę ištikimybės vaisių širdyje nebegalime sakyti, kad esame neatsakingi, kai kas nors būna blogai. Prieš galvodami, kad viską padarėme, ištirsime savo širdį ir įsitikinsime, ar vadovaujamės tik meile.

Taip pat pirmiausia galvosime apie Dievo meilę ir gailestingumą sieloms. Jis nenori jų pražudyti net sakydamas, kad nubaus už nuodėmes. Tai kaip turime melstis Dievui? Turbūt turime iš visos širdies pasakyti: „Dieve, aš kaltas. Turėjau geriau jiems vadovauti. Suteik jiems dar vieną galimybę dėl manęs."

Tas pats ir visose kitose srityse. Ištikimieji niekad nesakys: „Aš padariau pakankamai," bet nenuilstamai darbuosis iš visos širdies. Antrame laiške korintiečiams 12, 15 apaštalas Paulius sako: *„Jūsų sielų labui su džiaugsmu viską atiduosiu ir save patį pridėsiu. Argi, be krašto jus mylėdamas, turėčiau būti jūsų mažiau mylimas?"*

Kitaip tariant, apaštalas Paulius rūpinosi sielomis ne iš pareigos ir nepaviršutiniškai. Jis labai džiaugėsi, vykdydamas savo pareigą ir todėl sakė, kad viską atiduos kitų sielų labui.

Jis buvo visiškai pasišventęs kitų sieloms. Kaip ir apaštalas Paulius, kai išsiugdome tikrą ištikimybę, atliekame savo pareigas, trykšdami džiaugsmu ir meile.

Būkite ištikimi tiesoje

Tarkime, kas nors įstojo į nusikaltėlių gaują ir pašventė savo gyvenimą gaujos vadui. Ar Dievas laikys jį ištikimu? Žinoma ne! Dievas pripažįsta mūsų ištikimybę tik tada, kai esame ištikimi gerume ir tiesoje.

Kai krikščionys uoliai gyvena tikėjimu, dažniausiai gauna daug pareigų. Kartais iš pradžių jie su užsidegimu atlieka savo pareigas, bet paskui jas apleidžia. Jų mintys gali pasinerti į verslo plėtimo planus. Jie gali prarasti užsidegimą savo pareigoms dėl gyvenimo sunkumų arba siekdami išvengti persekiojimų. Kodėl jie taip pasikeičia? Todėl, kas nesirūpina dvasine ištikimybe, dirbdami Dievo karalystei.

Dvasinė ištikimybė yra mūsų širdies apipjaustymas. Tai nuolatinis mūsų širdies drabužių skalbimas. Tai visų nuodėmių, netiesų, pikto, neteisumo, nusikaltimų ir tamsos atmetimas, kad taptume šventi. Apreiškimas Jonui 2, 10 sako: *„Būk ištikimas iki mirties, ir aš tau duosiu gyvenimo vainiką!"* Būti ištikimam iki mirties reiškia ne tik ištikimai dirbti iki gyvenimo pabaigos, bet vykdyti Šventąjį Raštą visu savo gyvenimu.

Norėdami išsiugdyti dvasinę ištikimybę turime iki kraujo grumtis su nuodėmėmis ir vykdyti Dievo įsakymus. Svarbiausia atmesti pikta, nuodėmę ir netiesą, kurių Dievas labai nekenčia. Jeigu mes tik labai daug dirbame fiziškai, neapipjaustydami savo širdies, neturime dvasinės ištikimybės. Kaip apaštalas Paulius pasakė: „Aš kasdien mirštu", mes turime visiškai numarinti savo kūnišką prigimtį ir būti pašventinti. Tai ir yra dvasinė ištikimybė.

Dievas Tėvas labiausiai trokšta mūsų šventumo. Turime suprasti tai ir padaryti viską, kad apipjaustytume savo širdį. Žinoma, tai nereiškia, kad negalime imtis jokių pareigų, kol netapsime visiškai šventi. Tai reiškia, kad vykdydami dabartines savo pareigas turime siekti šventumo.

Tie, kas nuolat apipjausto savo širdį, nepakeis savo nusistatymo ir nepraras ištikimybės. Jie neatsisakys savo brangios pareigos, susidūrę su gyvenimo sunkumais ar širdies skausmu. Dievo duotos pareigos yra pažadas, kurį davėme Dievui, ir turime niekada, jokiuose sunkumuose nesulaužyti Dievui duoto pažado.

Kita vertus, kas atsitiks, jeigu neapipjaustysime savo širdies? Mes negalėsime atsispirti vargams ir sunkumams, prarasime pasitikėjimą Dievu ir apleisime savo pareigas. Paskui atsigavę iš Dievo malonės vėl kurį laiką padirbėsime, ir šis ciklas nuolat kartosis. Tokie nepastovūs darbuotojai negali būti pripažinti ištikimais, net jei gerai atlieka savo darbą.

Norėdami turėti Dievo pripažintą ištikimybę turime išsiugdyti dvasinę ištikimybę, kuriai būtinas širdies apipjaustymas. Tačiau vien širdies apipjaustymas neatneša jokio atpildo. Širdies apipjaustymas yra privalomas išgelbėtiems Dievo vaikams. Tačiau jeigu atmetame nuodėmes ir vykdome savo pareigas pašventinta širdimi, mes atnešame daug daugiau vaisių, negu kūniškomis pastangomis. Todėl mes gausime daug didesnį atlyginimą.

Pavyzdžiui, jūs uoliai darbuojatės bažnyčioje savanoriais kiekvieną sekmadienį, bet ginčijatės su kitais ir veliatės į konfliktus su daug žmonių. Jeigu tarnaujate bažnyčioje nepatenkinti ir susierzinę, prarandate didžiąją dalį savo atlyginimo. Tačiau tarnaudami su gerumu ir meile bei santaikoje su kitais, skleisite malonų kvapą Dievui ir būsite gausiai apdovanoti už kiekvieną darbą.

Dirbkite pagal šeimininko valią

Bažnyčioje turi dirbti pagal Dievo širdį ir valią. Taip pat turime ištikimai paklusti vadovams pagal bažnyčios nustatytą tvarką.

Patarlių knyga 25, 13 sako: „*Kaip sniego vėsa pjūties meto kaitroje yra patikimas pasiuntinys jį siuntusiam; jis pakelia šeimininko dvasią.*"

Net jei labai uoliai atliekame savo pareigą, neįtiksime šeimininkui, jeigu darysime ką norime. Pavyzdžiui, viršininkas liepia man pasilikti biure, nes laukia labai svarbaus kliento, bet aš turiu darbo reikalų ne biure ir sutvarkau juos, sugaišdamas visą dieną. Nors atlikau svarbų darbą, viršininkas nemanys, kad esu ištikimas.

Mes nepaklūstame šeimininko valiai todėl, kad vadovaujamės savo supratimu arba turime savanaudiškų motyvų. Toks žmogus tarnauja savo šeimininkui, bet ne ištikimai. Jis vadovaujasi savo sumanymais ir norais, todėl gali bet kada nepaklusti šeimininko valiai.

Biblija pasakoja apie Joabą, kuris buvo Dovydo giminaitis ir kariuomenės generolas. Joabas buvo visuose pavojuose su Dovydu, kai karalius Saulius persekiojo Dovydą. Joabas buvo išmintingas ir narsus. Jis vykdė užduotis taip, kaip Dovydas norėjo. Kai Joabas užpuolė amonitų miestą, jis galėjo paimti jį, bet leido Dovydui atvykti ir pačiam paimti miestą. Jis nesigviešė miesto užkariavimo garbės, bet atidavė ją Dovydui.

Jis labai gerai tarnavo Dovydui, bet nelabai jam patiko todėl, kad būdavo nepaklusnus, kai tai buvo jam asmeniškai naudinga. Joabas įžūliai elgėsi prieš Dovydą, kai norėjo pasiekti savo tikslą.

Pavyzdžiui, generolas Abneras, Dovydo priešas, atėjo pasiduoti Dovydui. Dovydas priėmė jį ir paleido, nes norėjo stabilizuoti politinę padėtį, kad žmonės greičiau jį priimtų. Tačiau vėliau Joabas, sužinojęs apie tai, pasekė ir nužudė Abnerą, nes pastarasis buvo nužudęs Joabo brolį prieš tai vykusiame mūšyje. Jis žinojo, kad Dovydas atsidurs sunkioje padėtyje, jeigu jis nužudys Abnerą, bet pasidavė savo jausmams.

Taip pat, kai Dovydo sūnus Absalomas sukilo prieš savo tėvą, Dovydas įsakė kariam, einančių kovoti su Absalomo vyrais, gerai elgtis su jo sūnumi. Joabas girdėjo šį įsakymą, bet vis tiek nužudė Absalomą. Galbūt jis taip pasielgė todėl, kad paliktas gyvas Absalomas galėjo vėl sukilti, bet Joabas nepakluso karaliaus įsakymui ir pasielgė savo nuožiūra.

Nors Joabas perėjo per daug sunkumų su savo karaliumi, jis nepaklusdavo svarbiomis akimirkomis, ir Dovydas negalėjo juo pasitikėti. Galų gale Joabas sukilo prieš karalių Saliamoną, Dovydo sūnų, ir buvo nužudytas. Tuo metu jis taip pat užuot paklusęs Dovydo valiai norėjo, kad kitas asmuo užimtų karaliaus sostą. Jis tarnavo Dovydui visą gyvenimą, bet netapo nusipelniusiu vasalu ir baigė gyvenimą kaip maištininkas.

Kai dirbame Dievo darbą, svarbiausi ne mūsų užmojai, bet paklusnumas Dievo valiai. Jokios naudos iš mūsų ištikimybės, jeigu einame prieš Dievo valią. Kai dirbame bažnyčioje, vyresniųjų nuomonė turi būti mums svarbesnė už savo idėjų įgyvendinimą, kad priešas velnias ir šėtonas negalėtų mūsų kaltinti, o mes atneštume garbę Dievui.

Būkite ištikimi visuose Dievo namuose

Būti ištikimam visuose Dievo namuose reiškia būti ištikimam visose savo gyvenimo srityse. Bažnyčioje turime įvykdyti visas savo pareigas, net labai daug jų turėdami. Net jei neturime konkrečių pareigų bažnyčioje, viena iš mūsų pareigų yra būti ten, kur turi būti bažnyčios nariai.

Ne tik bažnyčioje, bet ir darbe ar mokykloje visi turi savo pareigų. Visose šiose srityse turime vykdyti savo pareigas kaip bažnyčios nariai. Norėdami būti ištikimi visuose Dievo namuose turime visose gyvenimo srityse įvykdyti visas savo pareigas: Dievo vaikų, bažnyčios vadovų ar narių, šeimos narių, bendrovės darbuotojų, mokyklos mokinių arba mokytojų. Neturime ištikimai atlikti ne tik vieną ar dvi pareigas, apleisdami kitas. Turime būti ištikimi visais atžvilgiais.

Jūs galite pagalvoti: „Aš turiu tik vieną kūną ir kaip galiu būti ištikimas visose srityse?" Tačiau tapus dvasiniais žmonėmis, nesunku būti ištikimam visuose Dievo namuose. Net skirdami nedaug laiko tikrai atnešime daug vaisių, jeigu sėsime dvasioje.

Dvasiniai žmonės neieško naudos ir patogumo sau, bet rūpinasi kitų nauda. Jie pirmiausia įvertina viską kitų požiūriu ir įvykdo visas savo pareigas net tada, kai turi pasiaukoti. Taip pat pagal pasiektą dvasingumo lygį mūsų širdis prisipildo gerumo. Būdami geri gerai atliksime ne tik vieną ar dvi pareigas. Net turėdami daug įpareigojimų neapleisime nė vienos pareigos.

Padarysime viską, kad pasirūpintume visa mūsų aplinka, stengdamiesi truputį daugiau rūpintis kitais. Tuomet mus supantieji pajaus mūsų širdies ištikimybę. Jie nenusivils, kad negalime visą laiką būti su jais visais, bet bus dėkingi už rūpinimąsi jais.

Pavyzdžiui, viena moteris turi dvi pareigas. Ji vadovauja vienai grupei ir yra tik narė kitoje. Turėdama gerumo ir ištikimybės vaisių ji neapleis nė vienos iš savo grupių. Ji nepasakys: „Antros grupės nariai supras, kodėl neatėjau, nes esu pirmos grupės vadovė". Jeigu negali fiziškai dalyvauti antroje grupėje, ji kitaip iš visos širdies pasistengs jai padėti. Mes būname ištikimi visuose Dievo namuose ir esame santaikoje su visais pagal savo gerumą.

Ištikimybė Dievo karalystei ir teisumui

Juozapas buvo parduotas į vergiją Potifarui, faraono sargybos viršininkui. Juozapas buvo toks ištikimas ir patikimas, kad Potifaras patikėjo jaunajam vergui visus darbus namuose ir nesirūpino tuo, ką jis darė, nes Juozapas rūpinosi pagal šeimininko širdį net smulkmenomis.

Dievo karalystei taip pat reikia daug tokių ištikimų darbininkų kaip Juozapas daugelyje sričių. Jeigu jūs taip ištikimai atliksite patikėtas pareigas, kad jūsų vadovui visai nebereikės rūpintis dėl jų, kokiu galingu ramsčiu tapsite Dievo karalystėje!

Evangelijoje pagal Luką 16, 10 parašyta: *„Kas patikimas smulkmenose, tas patikimas ir dideliuose dalykuose, o kas neteisingas smulkmenose, tas neteisingas ir dideliuose dalykuose."* Juozapas dirbo ištikimai su tikėjimu į Dievą, nors tarnavo žemiškam šeimininkui. Dievas nemanė, kad tai beprasmiška, bet padarė Juozapą Egipto ministru pirmininku.

Niekada neapleidau Dievo darbų. Dažnai melsdavausi per visą naktį prieš bažnyčios įkūrimą, bet kai bažnyčia atsidarė, melsdavausi vienumoje nuo vidurnakčio iki ketvirtos valandos ryto, o paskui vadovaudavau aušros maldos susirinkimams nuo penktos valandos ryto. Tuo metu dar neturėjome Danieliaus maldos susirinkimo, kuris prasideda 21:00 valandą. Neurėjome kitų pastorių ar ląstelių vadovų, todėl turėjau pats vadovauti visiems aušros maldos susirinkimams ir nepraleidai nė vienos dienos. Be to, ruošdavausi pamokslams sekmadienio ir trečiadienio pamaldoms bei penktadienio visos nakties maldos susirinkimui, lankydamas teologijos seminariją. Niekada neapleidau savo pareigų ir neužkroviau jų kitiems tik todėl, kad buvau pavargęs. Grįžęs iš seminarijos meldžiausi už ligonius ir lankiau bažnyčios narius. Daug ligonių atvykdavo iš visos šalies. Atiduodavau visą širdį, lankydamas bažnyčios narius, kad dvasiškai pasitarnaučiau jiems.

Tuo metu kai kurie studentai vykdavo į bažnyčią miesto autobusais su dviem ar trimis persėdimais. Dabar mūsų bažnyčia turi autobusų, bet tada neturėjome. Aš norėjau, kad mokiniai galėtų atvykti į bažnyčią, nesirūpindami autobusų bilietais. Po pamaldų pasekiau studentus iki autobusų stotelės ir atsisveikindamas daviau jiems autobusų bilietų, kurių pakako ir kitam atvykimui į bažnyčią. Pamaldose surinkdavome tik keliasdešimt dolerių aukų, ir bažnyčia negalėjo jais pasirūpinti. Aš nupirkau jiems autobuso bilietus iš savo santaupų.

Kai nauji žmonės užsirašydavo į bažnyčios narius, kiekvieną laikiau brangiu turtu, melsdavausi už juos ir tarnaudavau su meile, kad nė vieno neprarasčiau. Todėl tuo metu nė vienas iš užsirašiusių į bažnyčios narius žmonių nepaliko jos. Savaime suprantama, kad mūsų bažnyčia nuolat augo. Dabar mūsų bažnyčia didelė, bet ar tai reiškia, kad mano ištikimybė atvėso? Žinoma ne! Mano užsidegimas dėl sielų išganymo niekada neatvėso.

Dabar mes turime virš 10 000 dukterinių bažnyčių visame

pasaulyje su daugybe pastorių, vyresniųjų, vyresniųjų diakonių ir vadovaujančiųjų bažnyčios rajonų, apylinkių bei ląstelių grupėms. Tačiau mano maldos ir meilė sieloms toliau darosi vis karštesnės.

Ar kartais jūsų ištikimybė Dievui neatvėso? Gal anksčiau turėjote Dievo duotų pareigų, o dabar nebeturite? Jeigu seniai turite tą pačią pareigą, ar jūsų užsidegimas neatvėso? Jeigu turime tikrą tikėjimą, mūsų ištikimybė tik didėja, mums bręstant tikėjime, ir mes Viešpatyje ištikimai statome Dievo karalystę, išgelbėdami daugybę sielų. Todėl paskui mes gausime daug brangių apdovanojimų danguje!

Jeigu Dievui būtų reikėję tik ištikimų darbų, Jis nebūtų sukūręs žmonijos, nes turėjo nesuskaičiuojamus pulkus dangiškų būtybių ir angelų, kurie besąlygiškai Jam pakluso. Tačiau Dievui nepakako besąlygiškai paklusnių kaip robotai būtybių. Dievo troško vaikų, ištikimų Jam savo meile, trykštančia iš širdies gelmių.

Psalmyne 101, 6 parašyta: *„Akimis ieškau krašte Dievui ištikimų žmonių, kad jie gyventų su manimi; kas laikosi doro kelio, tas bus mano tarnyboje."* Kas atmeta visus pikto pavidalus ir tampa ištikimi visuose Dievo namuose, tie bus palaiminti gyvenimu Naujojoje Jeruzalėje, nuostabiausioje dangaus buveinėje. Tikiuosi, kad tapsite Dievo karalystės stulpais ir džiaugsitės garbe, gyvendami netoli Dievo sosto.

Evangelija pagal Matą 11, 29

„Imkite ant savo pečių mano jungą ir mokykitės iš manęs,

nes aš romus ir nuolankios širdies,

ir jūs rasite savo sieloms atgaivą."

Tokiems dalykams nėra įstatymo

9 skyrius

Romumas

Romumas supranta ir priima žmones
Dvasinis romumas visada didžiadvasiškas
Subrandinusiųjų romumo vaisių savybės
Romumo vaisiaus brandinimas
Geros žemės įdirbimas
Palaiminimai romiesiems

Romumas

Neįtikėtinai daug žmonių labai rūpinasi dėl savo ūmaus būdo, depresijos, per didelio uždarumo arba atvirumo. Daug žmonių viską nurašo savo charakteriui, jeigu kas nors nesiseka, ir sako: „Nieko negaliu pakeisti. Aš toks gimiau." Tačiau Dievas sukūrė žmones, ir Visagaliui nesunku pakeisti žmogaus būdą.

Mozė nužudė žmogų dėl savo karšto būdo, bet Dievo galia buvo taip pakeistas, kad Dievas pripažino jį kukliausiu ir romiausiu žmogumi visoje žemėje. Apaštalas Jonas turėjo pravardę „griaustinio sūnus", bet Dievo galios pakeistas buvo imtas vadinti „švelniuoju apaštalu".

Jeigu žmonės tikrai nori atmesti pikta ir suarti savo širdies lauką, net karštakošiai, pagyrūnai ir egocentrikai gali pasikeisti ir išsiugdyti romumą.

Romumas supranta ir priima žmones

Žodynai apibrėžia romumą kaip taikumą, nuolankumą, kantrumą ir švelnumą. Drovūs ir uždari žmonės, kuriems sunku save išreikšti, gali atrodyti romūs. Naivūs arba dėl žemo intelekto niekad nesupykstantys žmonės šio pasaulio akimis taip pat gali atrodyti romūs.

Tačiau dvasinis romumas yra ne tik nuolankumas ir švelnumas, bet ir išmintis bei gebėjimas atskirti gera nuo blogo, tuo pat metu suprantant ir priimant visus, nes romieji neturi pikto širdyje. Kitaip tariant, dvasinis romumas yra didžiadvasiškas ir kartu švelnus būdas. Turėdami tikrą didžiadvasiškumą, jūs nebūsite nuolankūs visą laiką, bet prireikus parodysite principingą griežtumą.

Švelnaus žmogaus širdis minkšta kaip vata. Jeigu meti akmenį arba duri adata į vatą, šie daiktai pasineria į ją. Panašiai ir dvasinį romumą turintieji neįsižeidžia, kad ir kaip šiurkščiai kiti elgtųsi su jais. Kitaip tariant, jie nesupyksta, nesijaučia nemaloniai ir nesukelia nemalonumų kitiems.

Jie neteisia ir nesmerkia kitų, bet supranta ir priima juos. Kiti žmonės jaučia paguodą šalia tokių žmonių ir dauguma randa atgaivą, būdami šalia romiųjų, kurie yra kaip dideli medžiai su daugybe šakų, ant kurių paukščiai ilsisi ir suka lizdus.

Mozė buvo vienas iš tų, kurių romumą Dievas pripažino. Skaičių knygoje 12, 3 parašyta: „*O Mozė buvo labai kuklus žmogus, kuklesnis už bet ką kitą visoje žemėje.*" Išėjimo metu izraelitų tautoje buvo virš 600 000 suaugusių vyrų. Su moterimis ir vaikais jų buvo gerokai daugiau negu du milijonai. Paprastam žmogui būtų labai sunku vadovauti tokiam skaičiui žmonių.

Ypač sunku buvo vadovauti žmonėms, užkietinusiems savo širdis Egipto vergijoje. Jeigu jus nuolatos muštų, keiktų necenzūriškais žodžiais ir verstų vergiškai dirbti, jūsų širdis taptų šiurkšti ir kieta. Tokioje būsenoje nelengva įsileisti į širdį malonę ir nuoširdžiai pamilti Dievą. Todėl žydai dažnai nepaklusdavo Dievui, nors Mozė daug kartų parodė Jo nepaprastą galią.

Susidūrę su nedideliais sunkumai, jie greitai imdavo skųstis ir sukildavo prieš Mozę. Vien faktas, kad Mozė vedė tokią tautą per dykumą 40 metų, liudija apie Mozės dvasinį romumą. Mozės širdis buvo kupina dvasinio romumo, kuris yra vienas iš Šventosios Dvasios vaisių.

Dvasinis romumas visada didžiadvasiškas

At jūs kartais nepagalvojate: „Aš nesupykstu ir manau esąs romesnis už kitus, bet negaunu atsakymų į savo maldas. Aš nelabai girdžiu ir Šventosios Dvasios balsą"? Tuomet jūs turite pasitikrinti, ar jūsų romumas nėra kūniškas. Žmonės gali sakyti, kad jūs romūs, jeigu atrodote švelnūs ir ramūs, bet tai tik kūniškas romumas. Dievui reikia dvasinio romumo. Dvasinis romumas yra ne tik švelnumas ir romumas, jis turi būti lydimas tikro didžiadvasiškumo. Kartu su širdies romumu turite turėti tikrą didžiadvasiškumą, išoriškai matomą, kad subrandintumėte dvasinį romumą. Tai labai panašu į puikaus charakterio žmogų, dėvintį kostiumą, atitinkantį jo charakterį. Jeigu gero charakterio žmogus vaikščiotų nuogas visai be drabužių, nuogumas darytų jam gėdą. Panašiai, romumas be tikro didžiadvasiškumo bus netobulas.

Subrandinusiųjų romumą didžiadvasiškumas yra kaip drabužiai, puošiantys romumą, bet skiriasi nuo veidmainiškų įstatymo vykdymo darbų. Jeigu jūsų širdyje nėra šventumo, jūs neturime tikro didžiadvasiškumo tik todėl, kad darote matomus gerus darbus. Jeigu rūpinsitės gerą vardą pelnančiais darbais labiau negu savo širdies ugdymu, jūs nebepastebėsite savo ydų ir imsite klaidingai manyti, kad labai išaugote dvasiškai.

Tačiau net šiame pasaulyje daugumai nepatinka negeri žmonės, kad ir kokios gražios išvaizdos jie būtų. Taip pat ir tikėjime pasišventimas išoriniams darbams, neugdant vidinio grožio, yra beprasmis.

Pavyzdžiui, kai kurie žmonės elgiasi teisingai, bet teisia ir žemina tuos, kas nesielgia kaip jie. Reikaluose su kitais jie visada laikosi savo standartų, galvodami: „Tai teisingas būdas, kodėl jie taip nedaro?" Jie gali maloniai kalbėti, duodami patarimą, bet teisia kitus savo širdyje ir kalba įsikibę į savo teisuoliškumą ir negerus jausmus. Žmonės neranda jokios atgaivos juose, tik pasijunta užgauti ir prislėgti, todėl vengia tokių žmonių draugijos.

Kai kurie žmonės supyksta ir susierzina dėl savo teisuoliškumo ir piktumo, bet vadina tai teisėtu pasipiktinimu ir sako, kad nori gero kitiems. Tačiau tikrai didžiadvasiški žmonės nepraranda proto ramybės jokiose situacijose.

Jeigu tikrai norite subrandinti Šventosios Dvasios vaisus, negalite slėpti pikto savo širdyje po gražia išore, nes tai bus tik vaidinimas prieš žmones. Turite nuolat tirti savo širdį ir rinktis gerumo kelią.

Subrandinusiųjų romumo vaisių savybės

Kai susitinkame žmones, kurie yra romūs ir turi labai plačią širdį, sakome, kad jų širdis yra kaip vandenynas. Vandenynas priima visą užterštą vandenį iš upių ir upelių ir išvalo jį. Kai išsiugdome romią ir plačią kaip vandenynas širdį, mes galime atvesti į išganymo kelią net sunkių nuodėmių suteptas sielas.

Jeigu subrandiname išorinį didžiadvasiškumą kartu su vidiniu romumu, mes laimime daugybės žmonių palankumą ir širdis, todėl galime padaryti daug didingų darbų. Dabar leiskite pateikti kelis pavyzdžius rodančius, kokios savybės yra būdingos žmonėms, kurie subrandino romumo vaisių.

Pirma, jie elgiasi oriai ir santūriai.

Kartais atrodo, kad žmogus yra santūraus būdo, bet iš tiesų jis neryžtingas ir negali priimti kitų. Kiti dažnai žiūri į tokius žmones iš aukšto ir naudojasi jais. Žmonijos istorijoje buvo romaus būdo karalių, kuriems stigo didžiadvasiškumo, ir jų valstybės būdavo nestabilios. Vėliau istorikai pavadino juos ne romiais, bet bejėgiais ir neryžtingais valdovais.

Kita vertus, kai kurie karaliai buvo šilto ir santūraus būdo, bet kartu pasižymėjo išmintimi ir kilnumu. Tokių karalių valstybės buvo stabilios, ir žmonės gyveno ramiai. Panašiai ir turintieji romumą kartu su didžiadvasiškumu sugeba priimti teisingus sprendimus. Jie elgiasi teisingai, puikiai atskirdami gera nuo pikto.

Kai Jėzus apvalė šventyklą, išvaikydamas iš jos prekeivius, ir barė fariziejus su Rašto aiškintojais už veidmainystę, Jis buvo labai rūstus ir griežtas. Jis turėjo tokią romią širdį, kad negalėjo „nulaužti palūžusios nendrės ir užgesinti gruzdančio dagčio", bet vis tiek griežtai barė žmones, kai to reikėjo. Jeigu turite tokį orumą ir teisumą širdyje, žmonės negali žiūrėti į jus iš aukšto, net jeigu niekada nepakeliate balso ir nebandote būti griežtas.

Išorinė išvaizda taip pat yra susijusi Viešpaties elgesio manierų įgijimu ir tobulais kūno darbais. Tikrai orūs žmonės turi autoritetą ir žino žodžių svarbą; jie nešneka nerūpestingai ir tuščiai. Jie tinkamai apsirengia kiekvienai progai. Jų veido išraiška santūri, bet ne šalta.

Pavyzdžiui, žmogus su netvarkingais plaukais ir drabužiais elgiasi neoriai, nuolat tuščiai juokauja ir kalba apie beprasmius dalykus. Tokiam žmogui labai sunku pelnyti kitų pasitikėjimą ir pagarbą. Jie dažniausiai vengia jo draugijos.

Jeigu Jėzus būtų visą laiką juokavęs, Jo mokiniai būtų bandę juokauti su Juo. Kai Jėzus būtų mokęs juos kokių nors sudėtingų dalykų, jie būtų iš karto puolę ginčytis ir piršti savo nuomones. Tačiau jie nedrįso taip elgtis. Net tie, kas ateidavo pas Jį ginčytis, negalėdavo to padaryti dėl Jo kilnumo. Jėzaus žodžiai ir darbai visada turėjo svorį ir buvo kilnūs, todėl žmonės negalėjo nerimtai žiūrėti į Jį.

Žinoma, kartais hierarchijoje užimantis aukštesnę padėtį žmogus gali pajuokauti su savo pavaldiniais, kad sumažintų įtampą darbe. Tačiau jeigu pavaldiniai krečia juokus tarpusavyje, būdami blogai išsiauklėję, jiems stinga teisingo supratimo. Taip pat, jeigu vadovai elgiasi nesąžiningai ir būna apsileidę, jie nepelno kitų pasitikėjimo. Aukšto rango vadovai bendrovėse turi būti ypač sąžiningi, teisingai kalbėti ir elgtis.

Organizacijos vadovas turi kalbėti oficialiu tonu ir elgtis garbingai su pavaldiniais, bet kartais, jeigu koks nors pavaldinys rodo jam per didelę pagarbą, vadovas turėtų kalbėti su juo paprastai, kad pavaldinys nebūtų per daug įsitempęs. Šiuo atveju kalbėjimas ne per daug mandagiai padės pavaldiniui laisviau pasijusti ir lengviau atverti širdį. Tačiau kai viršininkas leidžia pavaldiniams pasijusti laisviau, pastarieji neturi aukštintis prieš savo vadovą, ginčytis su juo ar neklausyti jo.

Laiškas romiečiams 15, 2 sako: *„Kiekvienas mūsų tesirūpina būti artimui malonus jo labui ir pažangai."* Laiške filipiečiams 4, 8 parašyta: *„Pagaliau, broliai, mąstykite apie tai, kas teisinga, garbinga, teisu, tyra, mylėtina, giriama, apie visa, kas dorybinga ir šlovinga."* Dori ir didžiadvasiški krikščionys viską daro tiesoje ir apgalvotai, kad žmonės jaustųsi maloniai.

Antra, romieji daro gailestingumo darbus plačia širdimi.

Jie padeda ne tik turintiems finansinių nepriteklių, bet ir dvasiškai išsekusiems ir silpniems, paguosdami juos ir parodydami gailestingumą. Tačiau net turint romumo širdyje, bet pasilaikant jį sau, sunku skleisti Kristaus kvapą.

Pavyzdžiui, krikščionė kenčia persekiojimus dėl tikėjimo, ir tai sužinojus, vieniems bažnyčios vyresniesiems gaila jos, todėl jie meldžiasi už ją. Šie vyresnieji turi gailestingumą tik savo širdyje. Kita vertus, kiti vyresnieji asmeniškai padrąsina, paguodžia ją ir padeda jai darbais pagal aplinkybes. Jie sustiptina ją ir padeda įveikti sunkumus su tikėjimu.

Todėl tik užuojautos turėjimas širdyje ir konkretūs darbai yra labai skirtingi dalykai žmogui, kuris pateko į bėdą. Kai romumas išoriškai atsiskleidžia gailestingumo darbais, jis suteikia kitiems malonės ir gyvybės. Todėl Biblija sako, kad „romieji paveldės žemę" (Evangelija pagal Matą 5, 5). Romumas labai glaudžiai siejasi su ištikimybe, kuri yra tikro didžiadvasiškumo rezultatas. Žemės paveldėjimas yra susiję su dangiškais apdovanojimais. Paprastai dangiški apdovanojimai būna neatsiejami nuo ištikimybės. Kai jūs iš bažnyčios gaunate padėkos raštą, garbės ženklą ar apdovanojimą už evangelizavimą, tai būna jūsų ištikimybės rezultatas.

Panašiai bus palaiminti romieji, bet ne vien už romios širdies turėjimą. Tik tada, kai išreikš savo romumą didžiadvasiškais gailestingumo darbais, jie atneš ištikimybės vaisių. Tuomet jie bus apdovanoti už tai. Kitaip tariant, kai didžiadvasiškai priimsite daug sielų, paguosite ir padrąsinsite jas bei suteiksite joms gyvybės, jūs paveldėsite žemę danguje už savo darbus.

Romumo vaisiaus brandinimas

Kaip mums subrandinti romumo vaisių? Visų svarbiausia gerai įdirbti savo širdies lauką.

Ir jis daug jiems kalbėjo palyginimais. Jis sakė: „Štai sėjėjas išsirengė sėti. Jam besėjant, vieni grūdai nukrito prie kelio, ir atskridę paukščiai juos sulesė. Kiti nukrito ant uolų, kur buvo nedaug žemės. Jie greit sudygo, nes neturėjo gilesnio žemės sluoksnio. Saulei patekėjus, daigai nuvyto ir, neturėdami šaknų, sudžiūvo. Kiti krito tarp erškėčių. Erškėčiai išaugo ir nusmelkė juos. Dar kiti nukrito į gerą žemę ir davė derlių: vieni šimteriopą grūdą, kiti šešiasdešimteriopą, dar kiti trisdešimteriopą" (Evangelija pagal Matą 13, 3-8).

Evangelijos pagal Matą 13-ame skyriuje mūsų širdis palyginta su keturių rūšių žeme: pakelės žeme, uolėtu lauku, erškėčiais apaugusiu lauku ir gera žeme.

Panaši į pakelės žemę širdis turi būti suminkštinta, atsikratant teisuoliško ir savanaudiško nusistatymo.

Pakelės žemė būna sukietėjusi nuo mindymo, todėl sėklos joje nesudygsta. Jos negali įleisti šaknų, ir paukščiai sulesa jas. Turintieji tokias širdis būna labai užsispyrę. Jie neatveria širdies tiesai, todėl negali susitikti su Dievu ir įgyti tikėjimo.

Jie turi susikūrę tokią tvirtą savo žinių ir vertybių sistemą, kad negali priimti Dievo žodžio. Jie tvirtai įsitikinę savo teisumu.

Norėdami atsikratyti savo teisuoliškumo ir savanaudiško mąstymo šablonų, jie visų pirma turi sunaikinti pikta savo širdyje. Sunku palaužti teisuoliškumą ir savanaudišką nusistatymą, kol žmogus nenori skirtis su savo išdidumu, puikybe, užsispyrimu ir melais. Šios blogybės gimdo kūniškas mintis ir neleidžia jiems tikėti Dievo žodžiu.

Pavyzdžiui, kaupiantieji melą savo mintyse negali nesuabejoti net tada, kai kiti sako tiesą. Laiške romiečiams 8, 7 parašyta: *„Kūno rūpesčiai priešiški Dievui; jie nepaklūsta Dievo įstatymui ir net negali paklusti."* Jie negali pasakyti „Amen" ir paklusti Dievo žodžiui.

Kai kurie žmonės pradžioje būna labai užsispyrę, bet kai vieną kartą priima malonę ir pakeičia savo mintis, tampa labai užsidegę tikėjimu. Taip atsitinka tais atvejais, kai žmonės būna užsikietinę protą ir širdies išorę, bet turi minkštą ir švelnų širdies vidų. Tačiau panašūs į pakelės žemę žmonės yra kitokie. Jie užkietino ir visą savo širdį. Išoriškai kieta, bet viduje švelni širdis panaši į tvenkinį su plonu ledu, tuo tarpu pakelės žeme vadinama širdis panaši į iki dugno užšalusį tvenkinį.

Panaši į pakelės žemę širdis buvo ilgą laiką kietinama melais ir piktybėmis, todėl nelengva suminkštinti ją per trumpą laiką. Reikia įdėti daug atkaklių pastangų, kol ji suminkštėja. Kai tik Dievo žodis prieštarauja tokių žmonių mintims, jie turi klausti savęs, ar jų mintys teisingos. Taip pat jiems būtina daryti gerus darbus, kad Dievas suteiktų savo malonę.

Kartais žmonės prašo manęs pasimelsti, kad jie turėtų tikėjimą. Žinoma gaila, kad jie neturi tikėjimo net po to, kai buvo galingų Dievo darbų liudininkais ir girdėjo daug Dievo žodžio, bet vis tiek tai daug geriau negu visai nesistengti. Kai žmonių širdis panaši į pakelės žemę, šeimos nariai ir bažnyčios vadovai turi melstis už juos, bet taip pat labai svarbu, kad jie patys dėtų pastangas. Tuomet Žodžio sėkla ima augti jų širdyse, laikui atėjus.

Panaši į uolėtą lauką širdis turi atmesti meilę pasauliui.

Jeigu pasėsite sėklas uolėtame lauke, jos išdygs bet blogai augs. Tai pat ir tie, kieno širdys panašios į uolėtą lauką greitai atkrinta, kai ateina išbandymai, persekiojimai ar gundymai. Patyrę Dievo malonę jie tikrai nori gyventi pagal Dievo žodį. Jie gali patirti ir galingų Šventosios Dvasios darbų. Dievo žodžio sėkla tikrai išdygsta, įkritusi jiems į širdį. Tačiau net patyrus tokią malonę jiems nelengva apsispręsti, ar eiti į bažnyčią kitą sekmadienį. Jie būna tikrai patyrę Šventosios Dvasios prisilietimą, bet ima abejoti, manydami, kad gal tai buvo tik emocinis pakylėjimas. Jie pasiduoda abejonėms ir vėl uždaro savo širdį.

Kitiems kyla vidinių konfliktų, jeigu reikia atsisakyti savo pomėgių ar kitų pramogų, ir jie nešvenčia Viešpaties dienos. Jeigu šeimos nariai namie arba viršininkai darbe persekioja juos, gyvenančius Dvasios pripildytą tikėjimo gyvenimą, jie liaujasi lankę bažnyčią. Jie patiria daug malonės ir kurį laiką turi gyvą tikėjimą, bet jeigu jiems iškyla problemų su kitais tikinčiaisiais bažnyčioje, jie įsižeidžia ir palieka bažnyčią.

Kodėl Žodžio sėkla neįsišaknija juose? Todėl, kad jų širdyje yra „uolų". Šios simbolinės uolos širdyje yra netiesos, trukdančios jiems paklusti Dievo žodžiui. Šie klaidingi įsitikinimai būna tokie tvirti, kad neleidžia Žodžio sėklai įsišaknyti. Tai kūniška širdis, mylinti šį pasaulį.

Jeigu jiems patinka kokia nors pasaulietinė pramoga, būna labai sunku paklusti Dievo žodžiui, kuris sako: „Švęsk šabo dieną." Turintieji godumo uolą savo širdyje neateina į bažnyčią, nes nenori atnešti dešimtinės ir aukų Dievui. Kiti turi neapykantos uolų savo širdyje, todėl meilės žodis negali įleisti juose šaknų.

Tarp pavyzdingai lankančiųjų bažnyčia taip pat yra žmonių su panašiomis į uolėtą lauką širdimis. Pavyzdžiui, kai kurie bažnyčios nariai, gimę ir užaugę krikščionių šeimose bei nuo vaikystės mokęsi Dievo žodžio, negyvena pagal Šventąjį Raštą. Jie patyrė Šventosios Dvasios galybę ir kartais gauna malonių, bet neatsižada savo meilės pasauliui. Girdėdami Dievo žodį jie galvoja, kad neturi gyventi taip kaip gyvena, bet parėję namo vėl grįžta į pasaulį. Jie gyvena apžergę tvorą, jų viena koja Dievo pusėje, kita – pasaulio teritorijoje. Jie išgirdo Žodį, todėl nepalieka Dievo, bet širdyje turi daug uolų, kurios trukdo Dievo žodžiui įsišaknyti.

Kai kurie laukai būna tik dalinai uolėti. Pavyzdžiui, kai kurie žmonės yra ištikimi ir nesvyruojantys. Jie subrandina kai kuriuos vaisius, bet širdyje turi neapykantos, ir konfliktuoja su kitais dėl įvairiausių smulkmenų. Taip pat jie teisia ir smerkia kitus, todėl visur drumsčia ramybę. Dėl šios priežasties net per daug metų jie neužaugina meilės ir romumo vaisių. Kiti turi švelnias ir geras širdis. Jie mandagūs ir supranta kitus, bet yra neištikimi. Jie lengvai sulaužo pažadus ir daugeliu atžvilgiu elgiasi neatsakingai, todėl turi atsikratyti trūkumų ir paversti savo širdies lauką gera žeme.

Kaip suarti uolėtą lauką?

Pirma, turime uoliai vykdyti Dievo žodį. Kai tikintysis stengiasi įvykdyti savo pareigas, paklusdamas Dievo žodžiui, jis rodo ištikimybę. Tačiau tai ne taip lengva, kaip jam atrodė. Kai jis buvo eilinis bažnyčios narys ir neturėjo jokių pareigų, kiti bažnyčios nariai tarnavo jam. Tačiau dabar jis paaukštintas tarnauti kitiems bažnyčios nariams. Jis labai stengiasi, bet jam labai sunku, kai bendradarbiai nepritaria jo planams. Blogi jausmai, susierzinimas ir pyktis išsiveržia iš jo širdies. Palaipsniui ji praranda Dvasios pilnatvę ir net galvoja atsisakyti savo pareigų.

Šie blogi jausmai yra uolos kurias jis turi pašalinti iš savo širdies lauko. Šie blogi jausmai kyla iš didelės uolos, kuri vadinasi „neapykanta". Kai stengiasi paklusti Dievo žodžiui ir būti ištikimas, jis susiduria su neapykantos uola. Tai supratęs jis turi įtempti visas jėgas ir pašalinti neapykantos uolą. Tik paskui jis galės paklusti Dievo žodžiui, liepiančiam mylėti ir turėti ramybę. Taip pat jis turi nepasiduoti ir neišsigąsti sunkumų, bet dar tvirčiau laikytis savo pareigų ir vykdyti jas su dar didesniu užsidegimu. Taip jis taps romiu bažnyčios darbuotoju.

Antra, turime karštai melstis, gyvendami pagal Dievo žodį. Lietaus sudrėkinta žemė tampa minkšta. Tai geras laikas rinkti akmenis. Panašiai, kai meldžiamės, Šventoji dvasia pripildo mus, ir mūsų širdys tampa minkštos. Kai melsdamiesi prisipildome Šventosios Dvasios, turime nepraleisti progos ir greitai pašalinti iš širdies uolas. Kitaip tariant, turime tučtuojau pradėti daryti tai, ko anksčiau negalėjome. Kai mes atkakliai darome tai daug kartų, išjudiname ir pašaliname net dideles uolas, esančias giliai viduje. Kai gauname malonės ir stiprybės iš Dievo ir Šventosios Dvasios pilnatvę, galime atmesti nuodėmes ir pikta, kurių nepajėgėme atsisakyti savo valios jėga.

Erškėčiuotas laukas neužaugina vaisių dėl pasaulio rūpesčių ir turtų apgaulės.

Jeigu pasėjame sėklas erškėčiais apaugusiame lauke, javai išdygsta ir auga, bet erškėčių nustelbti nesubrandina derliaus. Panašiai ir turintieji širdį, panašią į erškėčiais apaugusį lauką, tiki Dievo žodžiu ir bando gyventi pagal jį, bet ne iki galo. Pasidavę pasaulio rūpesčiams ir turtų apgaulei, kuri yra pinigų, garbės ir valdžios troškimas, jie vargsta ir kankinasi.

Tokie žmonės nuolat susirūpinę namų ruošos darbais, savo verslu ar rytojaus darbu, net ir bažnyčioje. Pamaldose jie turėtų rasti atgaivą ir naujų jėgų, bet jų rūpesčiai tik didėja. Net kiekvieną sekmadienį būdami bažnyčioje jie nepatiria sekmadienio šventimo džiaugsmo ir ramybės. Jeigu jie tikrai švęstų sekmadienį, jų sieloms sektųsi, jie gautų dvasinių materialių palaiminimų. Tačiau jie negali priimti palaiminimų. Jiems reikia išrauti erškėčius ir tinkamai vykdyti Dievo žodį, kad jų širdies žemė būtų gera.

Kaip suarti erškėčiais apaugusį lauką?

Turime išrauti erškėčius su šaknimis. Erškėčiai simbolizuoja kūniškas mintis. Jų šaknys simbolizuoja piktą ir kūnišką prigimtį širdyje. Kitaip tariant, piktos ir kūniškos širdies savybės yra kūniškų minčių šaltinis. Jeigu erškėčių krūmynus tik nupjausime, jie vėl ataugs. Panašiai, jeigu mes tik pasiryžtame nebeįsileisti kūniškų minčių, negalime prieš jas atsilaikyti, kol turime pikto savo širdyje. Turime su šaknimis išrauti kūniškumą iš širdies.

Mumyse daug pikto šaknų, bet jeigu išrauname godumo ir puikybės šaknis, atsikratome didelės kūniškumo dalies širdyje. Mes linkę prisirišti prie pasaulio ir rūpintis pasaulio reikalais, nes geidžiame kūniškų dalykų; visada galvojame apie tai, kas mums naudinga ir einame savo keliu, kartais net sakydami, kad gyvename pagal Dievo žodį. Taip pat, jeigu neatsikratome puikybės, negalime paklusti iki galo. Mes naudojamės kūniška išmintimi, nes manome, kad patys galime ką nors padaryti. Todėl visų pirma turime išrauti godumo ir puikybės šaknis.

Geros žemės įdirbimas

Geroje žemėje pasėtos sėklos atneša 30, 60 arba 100-ą kartų didesnį derlių. Turintieji tokias širdis neturi teisuoliškumo ir savanaudiško nusistatymo kaip tie, kurių širdis panaši į pakelės žemę. Neturėdami uolų ir erškėčių jie paklūsta Dievo žodžiui, sakydami tik „taip" ir „amen". Taip jie subrandina daug vaisių.

Žinoma, sunku aiškiai atskirti pakelės žemę, uolėtą ir erškėčiuotą laukus bei gerą žemę žmogaus širdyje. Pakelės širdyje gali būti uolų. Net geroje žemėje gali būti netiesų, kurios kaip akmenys trukdo augti. Tačiau nepaisant lauko rūšies, galime paversti jį gera žeme, uoliai ardami ir akėdami. Taip ir mums svarbiau uoliai įdirbti širdies žemę, negu aiškintis jos rūšį.

Uoliai plušėdamas ūkininkas net dykynę gali paversti derlinga žeme. Lygiai taip pat Dievo galia gali pakeisti žmonių širdies lauką. Net užkietėjusi širdis kaip pakelės žemė gali būti suarta su Šventosios Dvasios pagalba.

Žinoma, Šventosios Dvasios gavimas nereiškia, kad mūsų širdis automatiškai pasikeis. Reikia ir mūsų pastangų. Turime stengtis karštai melstis, galvoti tik tiesą ir vykdyti tiesą. Turime ne pasiduoti po kelių savaičių ar mėnesių pastangų, bet toliau stengtis.

Dievas įvertina mūsų pastangas, prieš suteikdamas mums malonę, galią ir Šventosios Dvasios pagalbą. Jeigu visada žinosime, ką turime pakeisti, ir keisime savo blogas savybes į geras iš Dievo malonės, Jo galia ir su Šventosios Dvasios pagalba, tuomet po metų tikrai būsime visai kitokie. Mes kalbėsime gerus žodžius, paklusdami tiesai, mūsų mintys bus geros ir teisingos.

Kai gerai įdirbame savo širdies žemę, kiti Šventosios Dvasios vaisiai taip pat auga mumyse. Romumui ypač svarbus geras mūsų širdies lauko įdirbimas. Kol neišrausime netiesų, įniršio, neapykantos, pavydo, godumo, vaidingumo, gyrimosi ir teisuoliškumo, neturėsime romumo, ir kitų sielos neras atgaivos mumyse.

Todėl romumas glaudžiau susijęs su šventumu negu kiti Šventosios Dvasios vaisiai. Mes greitai gausime viską, ko prašysime maldoje, jeigu išsiugdysime dvasinį romumą. Taip pat aiškiai girdėsime Šventosios Dvasios balsą, vedantį mus į sėkmę visose srityse.

Palaiminimai romiesiems

Nelengva vadovauti bendrovei, turinčiai šimtus darbuotojų. Net jeigu jūs išrenkamas žmonių grupės vadovu rinkimuose, nelengva jai vadovauti. Didelio žmonių skaičiaus suvienijimui ir vadovavimui reikia užvaldyti jų širdis per dvasinį romumą.

Žinoma, žmonės seka paskui turinčius valdžią, turtus ir

rodančius norą padėti neturtingiesiems šiame pasaulyje. Viena korėjiečių patarlė sako: „Kai ministro šuo nustimpa, minios žmonių gedi, bet kai pats ministras numiršta niekas nepralieja nė ašarėlės." Kiek žmogus turi didžiadvasiškumo paaiškėja tada, kai jis netenka valdžios ir turto. Kai žmogus turtingas ir galingas, žmonės seka paskui jį, bet sunku surasti nors vieną, kuris liktų su juo iki galo, jam praradus visą valdžią ir turtą.

Tačiau tikrai didžiadvasiškas žmogus turi daug pasekėjų, net netekęs valdžios ir turto. Žmonės seka paskui jį ieškodami ne piniginės naudos, bet atgaivos jame.

Net bažnyčioje kai kuriems vyresniesiems sunku priimti visus nedidelės ląstelės narius. Norėdami prabudimo savo grupėje jie turi išsiugdyti romią širdį, minkštą kaip vata. Tuomet žmonės ras atgaivą savo vyresniuosiuose, džiaugsis ramybe ir laime, todėl prabudimas prasidės automatiškai. Pastoriai ir vyresnieji turi būti labai romūs ir pajėgti priimti daug sielų.

Romieji bus palaiminti. Evangelijoje pagal Matą 5, 5 parašyta: *„Palaiminti romieji; jie paveldės žemę."* Kaip minėjau, žemės paveldėjimas nereiškia, kad gausime žemės šiame pasaulyje. Tai reiškia, kad danguje gausime tiek žemės, kiek romumo išsiugdėme savo širdyje. Danguje gausime tokio dydžio namą, kad galėtume pasikviesti į svečius visas sielas, kurios rado atgaivą mumyse.

Tokios didelės dangaus buveinės gavimas reiškia, kad mes užimsime labai garbingą padėtį. Net turėdami labai daug žemės šiame pasaulyje nepasiimsime jos į dangų. Tačiau žemė, kurią gausime danguje, išsiugdę romią širdį, bus mūsų paveldėjimas, kuris niekada nepradings. Mes džiaugsimės amžinąja laime savo namuose drauge su Viešpačiu ir savo mylimaisiais.

Todėl viliuosi, kad jūs uoliai arsite savo širdies lauką, subrandinsite nuostabų romumo vaisių ir kaip Mozė paveldėsite daug žemės dangaus karalystėje.

Pirmas laiškas korintiečiams 9, 25

„Kiekvienas varžybų dalyvis nuo visko susilaiko;

jie taip daro, norėdami gauti vystantį vainiką,

o mes – nevystantį."

Tokiems dalykams nėra įstatymo

10 skyrius

Susivaldymas

Susilaikymas reikalingas visose gyvenimo srityse
Susilaikymas būtinas Dievo vaikams
Susilaikymas tobulina Šventosios Dvasios vaisius
Susilaikymo vaisiaus augimo įrodymai
Jeigu norite subrandinti susilaikymo vaisių

Susivaldymas

Maratonas yra 42, 195 km distancijos bėgimas. Bėgikai turi gerai apskaičiuoti jėgas, kad pasiektų finišą. Tai ilgos lenktynės, todėl bėgikai turi bėgti ne visu greičiu. Jie turi išlaikyti tinkamą greitį viso bėgimo metu ir išsaugoti jėgų spurtui, priartėjus prie finišo. Tas pats principas galioja mūsų gyvenime. Mes turime būti pastovūs ir ištikimi iki mūsų tikėjimo lenktynių galo ir laimėti kovą su savimi, kad pasiektume pergalę. Be to, norintieji gauti garbės vainiką dangaus karalystėje turi susilaikyti nuo visko.

Susilaikymas reikalingas visose gyvenimo srityse

Nesusilaikantieji labai apsunkina sau gyvenimą šiame pasaulyje. Pavyzdžiui, jeigu tėvai per daug myli savo vienturtį sūnų, dažniausiai jį išlepina. Priklausomi nuo lošimo ar kitų aistrų žmonės žino, kad turi rūpintis savo šeimomis, bet sugriauna jas, nes negali susilaikyti. Jie sako: „Tai bus paskutinis kartas, daugiau taip nebedarysiu," bet tas „paskutinis kartas" nuolat kartojasi.

Garsiame kinų istoriniame romane „Trys karalystės", Zhang Fei kupinas meilės ir drąsos, bet tuo pat metu ūmus ir agresyvus. Liu Bei ir Guan Yu, prisiekę jam brolystę, visada baiminasi, kad jis nepadarytų kokios nors klaidos. Zhang Fei gauna daug patarimų, bet negali pakeisti savo charakterio. Galiausiai dėl savo karšto būdo jis patenka į bėdą. Jis nuplaka rykštėmis savo pavaldinius, nepateisinusius jo lūkesčių, ir du iš nukentėjusių, jausdamiesi nekaltai nubausti, nužudo jį ir perbėga į priešo stovyklą.

Nesusilaikantieji užgauna daug žmonių namuose ir darbe. Jie

greitai susipyksta su kitais, todėl dažniausiai gyvenime jiems nesiseka. Tačiau išmintingieji prisiima kaltę sau ir palaiko kitus konfliktinėse situacijose. Net kitiems padarius didelių klaidų, jie sulaiko pasipiktinimą ir sutirpdo kitų širdis paguodos žodžiais. Toks išmintingas elgesys užkariauja daugelio žmonių širdis ir leidžia klestėti gyvenime.

Susilaikymas būtinas Dievo vaikams

Mums, Dievo vaikams, susilaikymas reikalingas tam, kad atmestume nuodėmes. Kuo mažiau susilaikome, tuo mums sunkiau atmesti nuodėmes. Kai klausome Dievo žodžio ir patiriame Jo malonę, nutariame pasikeisti, bet vėliau pasaulis vėl sugundo mus.

Tai paaiškėja iš mūsų žodžių. Daug žmonių meldžiasi, kad sakytų tik šventus ir gerus žodžius, bet paskui pamiršta savo prašymą ir kalba bet ką, pasiduodami seniems įpročiams. Pamatę kokį nors jiems sunkiai suprantamą dalyką, prieštaraujantį jų įsitikinimams, kai kurie ima murmėti ir reikšti nepasitenkinimą.

Paskui jie gailisi, bet negali susilaikyti, kai sukyla jų jausmai. Kitiems labai patinka kalbėti ir pradėję kalbėti jie negali sustoti. Jie neatskiria tiesos ir netiesos žodžių bei nesupranta, ką reikia ir ko nereikia sakyti, todėl pridaro daug klaidų.

Mes suprantame, koks svarbus susilaikymas savo kalboje.

Susilaikymas tobulina Šventosios Dvasios vaisius

Tačiau susilaikymo vaisius, būdamas vienu Šventosios Dvasios vaisių, nereiškia vien susilaikymo nuo nuodėmių. Susilaikymas padaro tobulus kitus Šventosios Dvasios vaisius. Todėl pirmas iš Dvasios vaisių yra meilė, o paskutinis – susilaikymas. Susilaikymas mažiau pastebimas negu kiti vaisiai, bet jis labai svarbus. Jis valdo viską ir užtikrina stabilumą, organizaciją ir konkretumą. Jis paminėtas paskutinis iš Dvasios vaisių, nes kiti vaisiai tobulėja per susilaikymą.

Pavyzdžiui, net turint tikro džiaugsmo vaisių, negalima džiūgauti bet kur ir bet kada. Jeigu ateisite į laidotuves išsišiepę iki ausų, ką gedintieji pagalvos apie jus? Jūsų džiaugsmo vaisius tikrai nepaguos jų. Nors išganymo džiaugsmas yra be galo didelis, turime valdyti jį pagal aplinkybes. Taip jis tampa tikru Šventosios Dvasios vaisiumi.

Svarbu turėti susilaikymą ir ištikimai tarnaujant Dievui. Jeigu jūs turite daug pareigų, ypač svarbu tinkamai paskirstyti laiką, kad būtumėte ten, kur jūsų labiausiai reikia ir tinkamu laiku. Net jeigu koks nors susirinkimas būna kupinas ypatingos palaimos, turite baigti jį numatytu laiku. Norėdami būti ištikimi visuose Dievo namuose, turime subrandinti susilaikymo vaisių.

Tas pats ir su visais kitais Šventosios Dvasios vaisiais, įskaitant meilę, malonumą, gerumą ir visus kitus. Kai širdyje užaugę vaisiai pasirodo darbais, turime klausyti Šventosios Dvasios balso ir vedimo, kad tinkamai juos panaudotume. Šventoji Dvasia padeda išdėstyti darbus pagal svarbą. Mes žinome, ar reikia žengti žingsnį į priekį ar atgal. Šis supratimas įgyjamas per susilaikymo vaisių.

Jeigu žmogus tobulai subrandina visus Šventosios Dvasios vaisius, jis visur ir visada paklūsta Šventosios Dvasios troškimams. Norėdami tobulai vykdyti Šventosios Dvasios troškimus, turime subrandinti susilaikymo vaisių. Visi Šventosios Dvasios vaisiai tobulai subręsta per paskutinį vaisių – susilaikymą.

Susilaikymo vaisiaus augimo įrodymai

Kai širdyje užaugę Šventosios Dvasios vaisiai tampa išoriškai matomi, susilaikymo vaisius užtikrina harmoniją ir tvarką, atlikdamas arbitro vaidmenį. Net kai Viešpats duoda mums ką nors gero, ne visada geriausia imti, kiek tik gali. Pasakyti per daug yra blogiau negu pasakyti per mažai. Dvasioje taip pat turime viską daryti su saiku, paklusdami Šventosios Dvasios troškimams.

Leiskite nuodugniau paaiškinti, kaip atpažinti susilaikymo vaisių.

Pirma, mes visur laikomės hierarchijos.

Žinodami savo vietą hierarchijoje, suprantame, kada ir ką turime daryti arba ko nedaryti ir ką sakyti arba ko nesakyti. Tuomet nebūną nesutarimų, ginčų ir nesusipratimų. Taip pat mes nedarome nieko nepriimtino ar peržengiančio mūsų kompetencijos ribas. Pavyzdžiui, grupės misionierių vadovas paprašo administratoriaus atlikti konkretų darbą. Administratorius pilnas užsidegimo ir mano, kad turi geresnę idėją, todėl savo nuožiūra pakeičia užduotį ir atlieka pagal savo planą. Nors jis dirba su užsidegimu, bet pažeidžia tvarką dėl susilaikymo stygiaus.

Dievas labai vertina mus, kai bažnyčios misijose laikomės nustatytos tvarkos, ir visi vykdo savo pareigas: vadovas, vadovo pavaduotojas, administratorius, sekretorius arba iždininkas. Mūsų vadovų darbo metodai gali skirtis nuo mūsų. Tuomet, net jei mūsų darbo būdas atrodo daug geresnis ir atnešantis daug daugiau naudos, mes neatnešime gerų vaisių, pažeisdami tvarką ir drumsdami ramybę. Šėtonas visada įsikiša ten, kur nesantaika, ir trukdo Dievo darbą. Jeigu užduotis nėra visiškai neteisinga, turime galvoti apie visą grupę, paklusti nurodymams, siekti santaikos ir viską atlikti, laikantis nustatytos tvarkos.

Antra, mes atsižvelgiame situaciją, laiką ir vietą, net darydami gerus darbus.

Pavyzdžiui, tikrai gerai šauktis malonės maldoje, bet jeigu jūs pradėsite šūkauti bet kur ir bet kada, neatnešite Dievui garbės. Taip pat, kai skelbiate evangeliją arba duodate dvasinių patarimų bažnyčios nariams, turite galvoti, ką sakote. Net jei suprantate gilias dvasines tiesas, negalite jų skleisti visiems. Jeigu pasakysite tai, kas neatitinka klausytojo tikėjimo saiko, galite papiktinti jį arba užsitraukti teisimą ir smerkimą.

Kartai tikintieji liudija arba dalinasi dvasinėmis tiesomis su žmonėmis, užsiėmusiais gerais darbais. Nors jų žodžiai labai geri, jie negali atnešti naudos kitiems, sakomi netinkamose aplinkybėse. Nors žmonės gali klausyti jų iš mandagumo, bet negali susikaupti, nes yra užsiėmę ir susinervinę. Pateiksiu kitą pavyzdį. Kai visa bažnyčia ar jos dalis susitinka su manimi pasitarti, ir vienas žmogus nesustodamas liudija apie Dievo darbus, kuo baigiasi susitikimas? Tas žmogus aukština Dievą, nes jis pilnas malonės ir Dvasios, tačiau išnaudoja visą laiką, skirtą visiems. Tai susilaikymo trūkumo pasekmė. Net jeigu darote labai gerus darbus, turite atsižvelgti į aplinkybes ir nepamiršti susilaikymo.

Trečia, mes esame kantrūs, neskubame ir ramiai įvertiname bet kokią situaciją.

Neturintieji susilaikymo vaisiaus yra nekantrūs ir nepakankamai atsižvelgia į kitus. Skubėdami jie turi mažiau įžvalgumo, ir nepastebi kai kurių svarbių dalykų. Jie greiti teisti ir smerkti, todėl nepatinka aplinkiniams. Nekantrieji dažnai klysta, klausydami kitų arba atsakydami jiems. Negalima nekantriai nutraukti kalbančiojo. Turime atidžiai išklausyti kalbos iki galo, kad išvengtume skubotų išvadų. Tuomet mes suprasime kito ketinimus ir atitinkamai jam atsakysime.

Prieš gaudamas Šventąją Dvasią Petras buvo nekantraus ir karšto būdo. Jis iš visų jėgų stengėsi valdytis prie Jėzaus, bet jo charakteris vis tiek kartais paimdavo viršų. Kai Jėzus pasakė Petrui, kad jis išsigins Jo prieš nukryžiavimą, Petras iš karto atmetė Jėzaus žodžius sakydamas, kad niekada neišsigins Viešpaties.

Jeigu būtų turėjęs susilaikymo vaisių, Petras būtų ne prieštaravęs Jėzui, bet pabandęs rasti teisingą atsakymą. Jeigu jis būtų pagalvojęs, kad Jėzus yra Dievo Sūnus ir nesako nieko neturinčio prasmės, jis būtų mintyse pasilaikęs Jėzaus žodžius. Tai padaręs jis galėjo būti pakankamai atsargus, kad išvengtų to, kas atsitiko. Teisingas padėties įvertinimas, leidžiantis tinkamai pasielgti, ateina iš susilaikymo.

Žydai labai didžiavosi savimi. Didžiavosi, kad griežtai laikosi Dievo įstatymo. Kai Jėzus subarė fariziejus ir sadukiejus, kurie buvo politikos ir religijos vadovai, jie nusiteikė prieš Jį. Kai Jėzus pasakė, kad Jis yra Dievo Sūnus, jie palaikė Jo žodžius šventvagyste. Tuo metu artėjo palapinių šventės. Atėjus pjūties metui, jie pasistatydavo palapine, kad prisimintų Išėjimą ir padėkotų Dievui. Paprastai žmonės vykdavo į Jeruzalę švęsti šios šventės.

Bet Jėzus nėjo į Jeruzalę, nors šventė buvo arti, ir Jo broliai ragino Jį vykti į Jeruzalę, parodyti stebuklų, kad pelnytų susirinkusių žmonių palaikymą (Evangelija pagal Joną 7, 3-5). Jie sakė: *„Juk, norėdamas iškilti viešumon, niekas neveikia slapčiomis"* (4-a eilutė). Nors jų patarimas atrodė protingas, jis buvo ne nuo Dievo, nes prieštaravo Jo valiai. Net Jėzaus broliai dėl savo kūniškų minčių galvojo, kad Jėzus neturi tyliai laukti savo valandos.

Jeigu Jėzus nebūtų turėjęs susilaikymo, būtų iš karto nuvykęs į Jeruzalę apreikšti savęs, bet Jis nepasidavė brolių raginimui. Jis laukė tinkamo laiko Dievo apvaizdos apreiškimui ir paskui nuvyko į Jeruzalę tyliai ir žmonių nepastebėtas, kai visi broliai jau buvo Jeruzalėje. Jis elgėsi pagal Dievo valią, tiksliai žinodamas, kada reikia eiti ir kada laukti.

Jeigu norite subrandinti susilaikymo vaisių

Kai kalbame su kitais, dažnai jų žodžiai ir širdies sumanymai yra skirtingi. Vieni kalba apie kitų kaltes, kad nuslėptų savąsias. Kiti prašo ko nors sau iš godumo, bet sako, kad prašo, norėdami padėti kitiems. Dar kiti sako, kad nori sužinoti Dievo valią, bet iš tiesų siekia išgauti norimą atsakymą. Ramiai pasikalbėjus, galiausiai jų širdies sumanymai atsiskleidžia.

Turintieji susilaikymą lengvai nepasiduoda kitų įkalbinėjimams. Jie ramiai išklauso kitus ir įžvelgia tiesą, veikiant Šventajai Dvasiai. Įžvelgdami tiesą per susilaikymą jie išvengia daugybės klaidų, padaromų priėmus neteisingus sprendimus. Jų žodžiai turi galią ir svorį, todėl turi didelę įtaką kitiems. Kaip subrandinti šį svarbų susilaikymo vaisių?

Pirma, turime išsiugdyti ištikimą širdį.

Turime išsiugdyti ištikimą širdį, kurioje nėra melo ir apgaulės. Tuomet mes turėsime galią padaryti tai, ką nuspręsime. Žinoma, neįmanoma išsiugdyti tokios širdies per naktį. Turime atkakliai mokytis, pradėdami nuo mažų dalykų.

Vienas meistras turėjo mokinių. Vieną dieną jie atėjo į turgų, ir keli pardavėjai, neteisingai juos supratę, pradėjo ginčytis su jais. Mokiniai pasipiktino ir įsivėlė į kivirčą, bet meistras tylėjo. Kai jie grįžo iš turgaus, jis atnešė iš sandėliuko pluoštą laiškų. Tuose laiškuose buvo nepagrįsta kritika jo atžvilgiu, ir jis parodė juos savo mokiniams.

Paskui jis tarė: „Aš negaliu išvengti nesusipratimų, bet nesirūpinu dėl to, kad žmonės neteisingai mane supranta. Nors negaliu išvengti išorinio purvo, galiu susilaikyti nuo kvailystės ir nepurvinti savo vidaus."

Šiuo atveju išorinis purvas buvo žmonių apkalbos. Vidinis purvas yra įsižeidimas ir leidimasis į kivirčus dėl apkalbų.

Jeigu išsiugdysime tokią širdį kaip minėto meistro,

nesutriksime jokiose situacijose. Mes visada išlaikysime širdies ir gyvenimo ramybę. Turintieji širdies ramybę gali susivaldyti visose srityse. Atsikratydami viso pikto, neapykantos, įtarumo ir pavydo, mes patiriame vis daugiau Dievo pasitikėjimo ir meilės.

Vaikystėje tėvai išmokė mane dalykų, kurie vėliau labai pravertė mano pastoracinėje tarnystėje. Buvau mokomas teisingos kalbos, gražios eisenos, gerų manierų ir prideramo elgesio, todėl išmokau suvaldyti savo širdį ir susilaikyti. Kai priimame sprendimą, turime laikytis savo nusistatymo ir nekeisti jo, net jei tai mums nenaudinga. Jeigu atkakliai stengsimės, išsiugdysime ištikimą širdį ir įgysime susilaikymo galios.

Antra, turime mokytis paklusti Šventosios Dvasios troškimams, neatsižvelgdami į savo nuomonę.

Kiek Dievo žodžio įsidedame į širdį, tiek girdime Šventosios Dvasios balsą. Net kai kas nors neteisingai apkaltina mus, Šventoji Dvasia ragina atleisti ir mylėti. Tuomet mes galvoje: „Šis žmogus turbūt turėjo priežastį taip pasielgti. Pamėginsiu draugiškai išsiaiškinti su juo šį nesusipratimą." Tačiau jeigu mūsų širdyje daug netiesos, pirmiausia išgirsime šėtono balsą: „Jeigu atleisiu jam, jis toliau žemins mane. Privalau pamokyti jį." Net išgirdę Šventosios Dvasios balsą nesuprasime jo, nes jis bus per silpnas palyginti su šėlstančiomis piktomis mintimis.

Mes išmokstame girdėti Šventosios Dvasios balsą, kai atkakliai valome savo širdį nuo melo ir dedamės į ją Dievo žodį. Mes vis aiškiau girdėsime Šventosios Dvasios balsą, paklusdami tyliam Jos balsui. Turime stengtis pirmiausia išgirsti Šventosios Dvasios balsą, užuot galvoję apie tai, kas mums atrodo svarbu ir gerai. Kai išgirstame Jos balsą ir paraginimą, turime jam paklusti. Mokydamiesi suprasti ir vykdyti Šventosios Dvasios troškimus visą laiką, girdėsime net labai tylų Šventosios Dvasios balsą. Tuomet harmonija vyraus visose mūsų gyvenimo srityse.

Susilaikymas atrodo mažiausiai pastebima savybė iš visų devynių Šventosios Dvasios vaisių, tačiau jis būtinas visiems kitiems vaisiams. Susilaikymo vaisius valdo kitus aštuonis Šventosios Dvasios vaisius: meilę, džiaugsmą, ramybę, kantrybę, malonumą, gerumą, ištikimybę ir romumą. Be to, aštuoni kiti vaisiai tobulai subręsta tik su susilaikymo vaisiumi, todėl šis paskutinis vaisius toks svarbus.

Kiekvienas iš Šventosios Dvasios vaisių yra brangesnis ir puikesnis už visus šios pasaulio brangakmenius. Mes gauname viską, ko prašome maldoje, ir mums sekasi visose srityse, kai subrandiname Šventosios Dvasios vaisius. Taip pat mes atnešame garbę Dievui, rodydami Šviesos valdžią ir galią šiame pasaulyje. Tikiuosi, kad jūs norėsite turėti Šventosios Dvasios vaisių labiau negu visų šio pasaulio turtų.

Laiškas galatams 5, 22-23

„Dvasios vaisius yra meilė,

džiaugsmas, ramybė, kantrybė, malonumas,

gerumas, ištikimybė, romumas, susivaldymas.

Tokiems dalykams nėra įstatymo."

11 skyrius

Tokiems dalykams nėra įstatymo

Jūs buvote pašaukti laisvei
Gyvenkite Dvasia
Pirmasis iš devynių vaisių yra meilė
Tokiems dalykams nėra įstatymo

Tokiems dalykams nėra įstatymo

Apaštalas Paulius buvo žydų žydas, jis keliavo į Damaską suimti krikščionių, tačiau pakeliui sutiko Viešpatį ir atgailavo. Tuo metu jis nesuprato evangelijos tiesos apie išgelbėjimą per tikėjimą į Jėzų Kristų, bet paskui gavo Šventosios Dvasios dovaną ir ėmė vadovauti pagonių evangelizavimui, Šventosios Dvasios vedamas. Devyni Šventosios Dvasios vaisiai išvardinti penktame skyriuje Laiške galatams, viename iš keliolikos Pauliaus laiškų. Turime žinoti to meto įvykius ir aplinkybes, kad suprastume, kodėl Paulius rašė galatams, ir kodėl tikintiesiems labai svarbu subrandinti Dvasios vaisius.

Jūs buvote pašaukti laisvei

Savo pirmoje misionieriškoje kelionėje Paulius nuvyko Galatiją. Sinagogoje jis skelbė ne Mozės įstatymą ir apipjaustymą, bet tik Jėzaus Kristaus evangeliją. Jo žodžiai buvo lydimi ženklų, ir daug žmonių pasuko į išganymo kelią. Galatijos bažnyčios tikintieji taip jį mylėjo, kad jei būtų galėję, būtų išsilupę akis ir atidavę Pauliui.

Kai Paulius grįžo iš savo pirmos misionieriškos kelionės sugrįžo į Antiochiją, bažnyčioje iškilo problema. Atvykę iš Judėjos žmonės ėmė aiškinti pagonims, kad išgelbėjimui būtina apsipjaustyti. Kilo nesutarimų ir didelių ginčų tarp jų ir Pauliaus bei Barnabo.

Brolija nutarė, kad Paulius, Barnabas ir dar keletas nuvyks dėl šio ginčo į Jeruzalę pas apaštalus ir vyresniuosius išsiaiškinti šio klausimo. Jie turėjo priimti sprendimą dėl Mozės įstatymo, kai skelbė evangeliją pagonims Antiochijos ir Galatijos bažnyčiose.

Apaštalų darbų 15-ame skyriuje aprašyti įvykiai prieš Jeruzalės susirinkimą ir po jo byloja, kad tuo metu padėtis buvo labai rimta. Apaštalai, kurie buvo Jėzaus mokiniai, vyresnieji ir bažnyčių atstovai po įsiliepsnojusio ilgo ginčo priėjo išvados, kad pagonys turi susilaikyti nuo aukų stabams, išvirkavimo, pasmaugtų gyvulių mėsos ir kraujo.

Paskui jie pasiuntė išrinktus vyrus į Antiochiją įteikti oficialų apaštalų laišką apie bažnyčios tarybos išvadas, nes Antiochija buvo pagonių evangelizavimo centras. Jie atleido pagonis nuo Mozės įstatymo vykdymo, nes jiems būtų labai sunku vykdyti Įstatymą kaip žydams. todėl visi pagonys galėjo būti išgelbėti tikėjimu į Jėzus Kristų.

Apaštalų darbuose 15, 28-29 parašyta: *„Šventajai Dvasiai ir mums pasirodė teisinga neužkrauti jums daugiau naštų, išskyrus tai, kas būtina: susilaikyti nuo aukų stabams, kraujo, pasmaugtų gyvulių mėsos ir ištvirkavimo. Jūs gerai elgsitės, saugodamiesi šitų dalykų. Likite sveiki!"*

Jeruzalės tarybos išvados buvo perduotos bažnyčioms, bet tie, kas nesuprato evangelijos tiesos ir kryžiaus kelio, toliau mokė bažnyčiose, kad tikintieji turi laikytis Mozės įstatymo. Bažnyčioje atsirado ir netikrų pranašų, kurie kurstė tikinčiuosius ir kritikavo apaštalą Paulių, nes jis nemokė Įstatymo.

Kai tokie neramumai prasidėjo Galatijos bažnyčioje, apaštalas Paulius parašė galatams laišką, kuriame paaiškino tikrąją krikščionių laisvę sakydamas, kad griežtai laikėsi Mozės įstatymo, bet tapo pagonių apaštalu po susitikimo su Jėzumi. Jis atskleidė jiems evangelijos tiesą: *„Noriu jus paklausti tiktai vieno dalyko: ar jūs gavote Dvasią įstatymo darbais, ar įtikėdami, ką išgirdote? Nejaugi jūs tokie neprotingi, kad, pradėję Dvasia,* dabar užbaigsite kūnu? Argi tiek daug esate iškentėję veltui? O, iš tiesų būtų veltui! Ar tas, kuris jums teikia Dvasią ir pas jus daro stebuklus, tai daro dėl jūsų įstatymo darbų, ar dėl to, kad įtikėjote, ką išgirdote?" (Laiškas galatams 3, 2-5).

Jis teigė, kad Jėzus Kristaus evangelija, kurią jis skelbia, yra Dievo apreikšta tiesa, ir pagonims nereikia apipjaustyti savo kūno todėl, kad daug svarbiau apipjaustyti savo širdį. Jis mokė juos apie kūno geidulius ir Šventosios Dvasios troškimus, apie kūno darbus ir Šventosios Dvasios vaisius. Jis mokė, kaip naudotis laisve, įgyta per evangelijos tiesą.

Gyvenkite Dvasia

Kodėl Dievas davė Mozės įstatymą? Todėl, kad žmonės buvo pikti ir nelaikė nuodėmės nuodėme. Dievas atskleidė jiems nuodėmes ir parodė, kaip išspręsti nuodėmingumo problemą, kad jie pasiektų Dievo teisumą. Bet nuodėmės problema negalėjo būti išspręsta iki galo Įstatymo darbais, ir todėl Dievas leido žmonėms pasiekti Jo teisumą per tikėjimą į Jėzų Kristų. Laiške galatams 3, 13-14 pasakyta: *„Kristus mus atpirko iš įstatymo prakeikimo, tapdamas už mus prakeikimu, nes parašyta: Prakeiktas kiekvienas, kuris kybo ant medžio. Šitaip įvyko idant per Kristų Jėzų pagonims atitektų Abraomo palaiminimas, ir mes tikėjimu gautume pažadėtąją Dvasią."*

Bet tai nereiškia, kad Įstatymas buvo panaikintas. Evangelijoje pagal Matą 5, 17 Jėzus sako: *„Nemanykite, jog aš atėjęs panaikinti Įstatymo ar Pranašų. Ne panaikinti jų atėjau, bet įvykdyti,"* ir 20-oje eilutėje: *„Taigi sakau jums: jeigu teisumu neviršysite Rašto* *aiškintojų ir fariziejų, neįeisite į dangaus karalystę."*

Apaštalas Paulius galatų bažnyčiai rašė: *"Mano vaikeliai, kuriuos aš ir vėl su skausmu gimdau, kol jumyse išryškės Kristaus atvaizdas"* (Laiškas galatams 4, 19), ir baigdamas laišką įspėjo: *"Iš tiesų, broliai, jūs esate pašaukti laisvei! Tiktai dėl šios laisvės nepataikaukite kūnui, bet stenkitės vieni kitiems su meile tarnauti. Juk visas įstatymas telpa viename sakinyje: Mylėk savo artimą kaip save patį. Bet jeigu jūs vienas kitą kremtate ir ėdate, tai žiūrėkite, kad nebūtumėte vienas kito praryti!"* (Laiškas galatams 5, 13-15).

Ką mums daryti, kad tarnautume vieni kitiems su meile, būdami Dievo vaikai ir gavę Šventąją Dvasią, kol mumyse išryškės Kristaus atvaizdas? Turime gyventi Šventaja Dvasia, kad netenkintume kūno geidulių. Mes mylėsime savo artimą ir būsime panašūs į Kristų, jeigu paklusdami Šventajai Dvasiai subrandinsime devynis Jos vaisius.

Jėzus Kristus prisiėmė Įstatymo prakeikimą ir mirė ant kryžiaus, nors buvo nekaltas, ir mes per Jį gavome laisvę. Mes turime auginti Dvasios vaisius, kad vėl netaptumėme nuodėmės vergais.

Jeigu vėl darome nuodėmes, gavę šią laisvę, ir iš naujo nukryžiuojame Viešpatį, darydami kūno darbus, mes nepaveldėsime Dievo karalystės. Kita vertus, jeigu subrandinsime Dvasios vaisius, gyvendami Dvasia, Dievas apsaugos mus, ir priešas velnias ir šėtonas mums nieko nepadarys. Be to, mes gausime viską, ko prašome maldoje.

"Mylimieji, jei širdis mūsų nesmerkia, mes pasitikime Dievu ir gauname iš jo, ko prašome, nes laikomės jo įsakymų ir darome, kas jam patinka. O štai jo

įsakymas: kad tikėtume jo Sūnaus Jėzaus Kristaus vardą ir mylėtume vieni kitus, kaip jo įsakyta" (Jono pirmas laiškas 3, 21-23).

„Mes žinome, jog kiekvienas gimusis iš Dievo nedaro nuodėmių, bet Dievo Pagimdytasis saugo jį, ir piktasis jo nepaliečia" (Jono pirmas laiškas 5, 18).

Mes subrandiname Dvasios vaisius ir džiaugiamės tikrąja krikščionių laisve, kai turime tikėjimą, įkvepiantį gyventi Dvasia ir mylėti savo artimą.

Pirmasis iš devynių vaisių yra meilė

Pirmasis iš devynių Dvasios vaisių yra meilė. Pirmo laiško korintiečiams 13-ame skyriuje aprašyta dvasinė meilė, kurią išsiugdome, bet meilė, subrendusi kaip Šventosios Dvasios vaisius, yra aukštesnio laipsnio; tai neribota ir bekraštė meilė, įvykdanti Įstatymą. Tai Dievo ir Jėzaus Kristaus meilė. Jeigu turime šią meilę, mes galime visiškai pasiaukoti, Šventosios Dvasios padedami.

Mes užauginame džiaugsmo vaisių tokiu mastu, kokiu išsiugdome šią meilę, kad galėtume džiaugtis ir dėkoti visose aplinkybėse. Tuomet mes nebeturėsime jokių konfliktų su niekuo ir subrandinsime ramybės vaisių.

Būdami taikoje su Dievu, savimi ir visais kitais mes savaime atnešime kantrybės vaisių. Dievas nori tokios kantrybės, kurią turint nereikia būti kantriems, nes būname kupini tobulo gerumo ir tiesos. Kai turime tikrą meilę, mes suprantame ir priimame kitą žmogų be menkiausio nepasitenkinimo. Tuomet mums nereikia atleisti jam ar pakęsti jo.

Kai esame kantrūs su kitais iš gerumo, atnešame malonumo vaisių. Jei iš gerumo būname kantrūs net su tais žmonėmis, kurių negalime suprasti, maloniai elgiamės su jais. Net jeigu jų elgesys peržengia visas ribas, mes suprasime jų poziciją ir priimsime juos.

Subrandinę malonumo vaisių tikintieji turės ir gerumą, laikys kitus geresniais už save ir rūpinsis jų interesais kaip savais, su niekuo nesiginčys, nekels balso ir turės širdį kaip Viešpaties, kuris nenulaužia palūžusios nendrės ir neužgesina gruzdančio dagčio. Jie negins savo nuomonės, bet bus romūs ir ištikimi visuose Dievo namuose.

Romūs žmonės nieko nepapiktina ir gyvena taikoje su visais. Jie turi didžiadvasišką širdį, nieko neteisia ir nesmerkia, bet supranta ir priima kitus.

Meilės, džiaugsmo, ramybės, kantrybės, malonumo, gerumo, ištikimybės ir romumo vaisių harmoningam subrendimui būtinas susilaikymas. Džiugu gauti gausius Dievo palaiminimus, bet Dievo darbai turi būti daromi tvarkingai. Mums reikia susilaikymo, kad nepadarytume per daug, net jeigu tai geri darbai. Kai paklūstame Šventosios Dvasios valiai, Dievas veikia visuose dalykuose, ir viskas mums išeina į gera.

Tokiems dalykams nėra įstatymo

Padėjėja, Šventoji Dvasia, veda Dievo vaikus į tiesą, kad jie džiaugtųsi tikra laisve ir laime. Tikroji laisvė yra išgelbėjimas iš nuodėmių ir šėtono valdžios, kuris trukdo mums tarnauti Dievui ir džiaugtis laimingu gyvenimu. Mes tampame laimingi, puoselėdami ryšį su Dievu.

Laiške romiečiams 8, 2 parašyta: „*Juk gyvybę teikiančios Dvasios įstatymas Kristuje Jėzuje išvadavo tave iš nuodėmės ir mirties įstatymo.*" Ši laisvė įgyjama tik tada, kai širdimi tikime į Jėzų Kristų ir gyvename Šviesoje. Ši laisvė nepasiekiama žmogaus jėgomis. Jos niekada neįgytume be Dievo malonės, ši laisvė yra palaiminimas, kuriuo džiaugiamės visą laiką, jeigu turime tikėjimą.

Jėzus sako Evangelijoje pagal Joną 8, 32: „*... jūs pažinsite tiesą, ir tiesa padarys jus laisvus.*" Laisvė yra tiesa ir ji nesikeičia. Ji tampa mūsų gyvenimu ir veda mus į amžinąjį gyvenimą. Nėra tiesos šiame gendančiame ir besikeičiančiame pasaulyje; tik nesikeičiantis Dievo žodis yra tiesa. Tiesos pažinimui reikia gilintis į Dievo žodį, dėtis jį į širdį ir vykdyti.

Tačiau kartais nelengva elgtis teisingai. Žmonės turi melo, įleidusio juose šaknis prieš susitaikant su Dievu. Netiesa trukdo vykdyti Dievo žodį. Kūno įstatymas, raginantis vadovautis netiesa, ir Dvasios įstatymas, skatinantis paklusti tiesai, kariauja tarpusavyje (Laiškas galatams 5, 17). Tai kova už tiesos laisvę. Šis karas tęsis, kol mūsų tikėjimas sutvirtės, ir mes atsistosime ant nepajudinamos tikėjimo uolos.

Kai atsistojame ant tikėjimo uolos, mums daug lengviau kovoti gerąją tikėjimo kovą. Kai atmesime visa pikta ir būsime pašventinti, mes džiaugsimės laisve tiesoje. Mums nereikės kovoti gerosios kovos, nes visą laiką vykdysime tik tiesą. Kai subrandinsime Šventosios Dvasios vaisius, Jos vedami, niekas nebeatims mūsų laisvės tiesoje.

Todėl Laiškas galatams 5, 18 sako: *„Bet jei leidžiatės Dvasios vadovaujami, jūs nebesate įstatymo valdžioje,"* ir 22-23: *„Dvasios vaisius yra meilė, džiaugsmas, ramybė, kantrybė, malonumas, gerumas, ištikimybė, romumas, susivaldymas. Tokiems dalykams nėra įstatymo."*

Žinia apie devynis Šventosios Dvasios vaisius yra raktas nuo vartų į palaiminimus. Tačiau rakto turėjimas neatrakins vartų. Mes turime įkišti jį spyną ir atrakinti vartus. Tas pats ir su Dievo žodžiu. Kol būsime tik klausytojai, Dievo žodis negyvens mumyse, net jei girdėtume jį nuo ryto iki vakaro. Mes patirsime Dievo žodžio palaiminimus tik tada, kai vykdysime jį.

Evangelijoje pagal Matą 7, 21 parašyta: *„Ne kiekvienas, kuris man šaukia: Viešpatie, Viešpatie! – įeis į dangaus karalystę, bet tik tas, kuris vykdo mano dangiškojo Tėvo valią."* Jokūbo laiškas 1, 25 sako: *„Bet kas geriau įsižiūri į tobuląjį laisvės įstatymą ir jo laikosi, kas tampa nebe užuomarša klausytojas, o darbo vykdytojas, tas bus palaimintas už savo darbą."*

Norėdami priimti Dievo meilę ir palaiminimus turime suprasti, kas yra Šventosios Dvasios vaisiai ir brandinti juos Dievo žodžio vykdymu. Jeigu subrandinsime visus Šventosios Dvasios vaisius, tobulai vykdydami tiesą, mes džiaugsimės tikra laisve tiesoje, aiškiai girdėsime Šventosios Dvasios balsą, būsime Jos vedami, ir mums seksis visais atžvilgiais. Meldžiuosi Viešpaties vardu, kad jūs džiaugtumėtės didžia garbe šioje žemėje ir Naujojoje Jeruzalėje, kuri yra galutinis mūsų tikėjimo kelionės tikslas.

Autorius:
Dr. Džeirokas Li

Dr. Džeirokas Li gimė 1943 metais Korėjos respublikos Kjong-nam provincijos Muano mieste. Jam sukakus dvidešimt metų, jis septynis metus sirgo daugybe nepagydomų ligų ir laukė mirties be išsigydymo vilties. Tačiau 1974 m. jo sesuo nuvedė jį į vieną bažnyčią, ir, kai jis atsiklaupė pasimelsti, Gyvas Dievas iš karto jį išgydė nuo visų ligų.

Tą akimirką per šį stebuklingą atvejį dr. Li susitiko su Gyvuoju Dievu, jis pamilo Dievą visa savo širdimi ir 1978 m. jis buvo pašauktas Dievo tapti Jo tarnu. Jis karštai meldėsi, norėdamas aiškiai sužinoti Dievo valią, visiškai ją įvykdyti ir paklusti visam Dievo Žodžiui. 1982 m. jis įsteigė Manmin Centrinę Bažnyčią Seule, Korėjoje ir nuo to laiko joje vyksta nesuskaičiuojami Dievo darbai – antgamtiški išgydymai ir stebuklai.

1986 m. Kasmetinės Korėjos Jėzaus Bažnyčios „Sungkiul" Asamblėjos metu dr. Li buvo įšventintas pastoriumi, o 1990 m. – praėjus tik keturiems metams – jo pamokslai buvo transliuojami Australijoje, Rusijoje, Filipinuose ir daugelyje kitų šalių Tolimųjų Rytų Transliacijų Kompanijos, Azijos Transliacijų Stoties ir Vašingtono Krikščionių Radijo Sistemos dėka.

Po trijų metų, 1993, Manmin Centrinė Bažnyčia buvo išrinkta Amerikos žurnalo „Christian World" viena iš „50 Pasaulio Geriausių Bažnyčių", ir jis gavo teologijos garbės daktaro laipsnį Krikščionių Tikėjimo Koledže, Floridoje, JAV, o 1996 m. Teologijos seminarijos „Kingsway" (Ajova, JAV), tarnautojo daktaro laipsnį.

Nuo 1993 m. dr. Li tapo pasaulinių misijų lyderiu daugelyje užsienio evangelizacijų Tanzanijoje, Argentinoje, Los Andžele, Baltimorėje, Havajuose, Niujorke, Ugandoje, Japonijoje, Pakistane, Kenijoje, Filipinuose, Hondūre, Indijoje, Rusijoje, Vokietijoje, Peru, Kongo Demokratinėje

Respublikoje, Izraelyje. 2002 m. Korėjos pagrindinių krikščioniškų laikraščių už savo veiklą įvairiose užsienio Didžiosiose Jungtinėse Evangelizacijose jis buvo pavadintas „pasaulinio masto pastoriumi".

2018 metų gegužės mėnesio duomenimis, Manmin Centrinei Bažnyčiai priklauso daugiau negu 130,000 narių. Visame pasaulyje yra 11,000 vietinių ir užsienio dukterinių bažnyčių-filialų: daugiau negu 102 misionierių buvo paskirta darbui 23 šalyse, kurių tarpe Jungtinės Valstijos, Rusija, Vokietija, Kanada, Japonija, Kinija, Prancūzija, Indija, Kenija ir daugelis kitų.

Iki šios knygos leidimo datos dr. Li yra parašęs 111 knygų, tarp jų bestseleriai: *Patirti Amžinąjį Gyvenimą Anksčiau už Mirtį, Žinia apie Kryžių, Tikėjimo Saikas, Dangus 1 dalis, Dangus 2 dalis, Pragaras, Mano Gyvenimas Mano Tikėjimas 1 dalis, Mano Gyvenimas Mano Tikėjimas 2 dalis,* ir *Dievo Jėga*. Jo darbai buvo išversti daugiau negu į 76 kalbas.

Jo krikščioniški straipsniai yra spausdinami šiuose leidiniuose: „The Hankook Ilbo", „The JoongAng Daily", „The Chosun Ilbo", „The Dong-A Ilbo", „The Seoul Shinmun", „The Kyunghyang Shinmun", „The Hankyoreh Shinmun", „The Korea Economic Daily", „The Shisa News", ir „The Christian Press".

Šiuo metu Dr. Li yra daugelio misijų organizacijų ir asociacijų vadovas: Jėzaus Kristaus Jungtinė Šventumo Bažnyčia (pirmininkas), Pasaulinės Krikščionybės Prabudimų Misijos Asociacija (nuolatinis pirmininkas), Globalus Krikščionių Tinklas GCN (steigėjas ir tarybos pirmininkas), Pasaulio Krikščionių Gydytojų Tinklas WCDN (steigėjas ir tarybos pirmininkas), Tarptautinė Manmin Seminarija MIS (steigėjas ir tarybos pirmininkas).

Kitos vertingos to paties autoriaus knygos

Dangus I & II

Žavios gyvenimo aplinkos, kurioje gyvena Dangaus piliečiai, detalus aprašymas ir puikus skirtingų dangaus karalystės lygių pavaizdavimas.

Žinia apie Kryžių

Stiprus ir širdį žadinantis pamokslas visiems, kurie dvasiškai užmigo. Skaitydami šią knygą sužinosite, kodėl Jėzus yra mūsų vienintelis Išgelbėtojas ir patirsite tikrą Dievo meilę.

Pragaras

Nuoširdus pamokslas visiems žmonėms nuo paties Dievo, kuris nori, kad nei viena siela nepatektų į pragaro gelmes! Sužinosite apie visai Jums nepažįstamą pragaro gelmių realybę.

Dvasia, Siela ir Kūnas I & II

Dvasiškai supratę dvasią, sielą ir kūną, kurie yra sudedamosios žmonių dalys, skaitytojai galės pažvelgti į save ir suprasti žmonių gyvenimą. Ši knyga rodo skaitytojams, kaip tapti dieviškosios prigimties dalininkais ir gauti visus Dievo pažadėtus palaiminimus.

Tikėjimo Saikas

Kokia buveinė, karūna ir apdovanojimai laukia Jūsų Danguje? Ši knyga išmintingai ir kryptingai padės Jums nustatyti savo tikėjimo saiką ir išugdyti geriausią ir brandžiausią tikėjimą.

Pabusk, Izraeli

Kodėl Dievas nenuleidžia Savo akių nuo Izraelio nuo pat pasaulio pradžių iki šios dienos? Koks Jo planas yra paruoštas Izraeliui paskutinėmis dienomis, kai jie laukia Mesijo?

Mano Gyvenimas, Mano Tikėjimas I & II

Gardžiausias dvasinis aromatas, sklindantis iš gyvenimo, kuris žydėjo neprilygstama meile Dievui tamsių bangų, šalto jungo ir neapsakomos nevilties laikais.

Dievo Jėga

Šią knygą būtina perskaityti tiems, kurie ieško atsakymų į tai, kaip įgyti tikrą tikėjimą ir patirti stebuklų kupiną Dievo jėgą.

www.urimbooks.com

www.ingramcontent.com/pod-product-compliance
Lightning Source LLC
LaVergne TN
LVHW041809060526
838201LV00046B/1191